趣味的新思維歷史故事

馮馮著

文史哲出版社印行

國家圖書館出版品預行編目資料

趣味的新思維歷史故事/ 馮馮著. -- 初版. -- 臺北市：文史哲, 民 95

頁： 公分.

ISBN 978-957-549-692-0 (平裝)

1.中國 － 歷史 － 通俗作品

610.9　　　　95022732

趣味的新思維歷史故事

著　者：馮　馮
出版者：文史哲出版社
http://www.lapen.com.tw
登記證字號：行政院新聞局版臺業字五三三七號
發行人：彭正雄
發行所：文史哲出版社
印刷者：文史哲出版社
臺北市羅斯福路一段七十二巷四號
郵政劃撥帳號：一六一八〇一七五
電話886-2-23511028・傳真886-2-23965656

實價新臺幣三二〇元

九十五年（2006）十一月初版

ISBN 978-957-549-692-0

自序

有些讀者問：為什麼總是寫那麼沉悶悲傷的傷痕文學？為什麼不寫些輕鬆的題材？

一生坎坷，命運多乖，從幼經歷戰亂，受盡種種災難，心情怎輕鬆得起來？

這部稿子，真是較為輕鬆的小品，是受到讀者與網友的鼓勵，重新執筆，每日隨筆數百字的結集，就記憶所及，對神話與故事作簡述與分析。純粹是從記憶寫出來的，手頭無書參考，錯語難免，只當是茶餘飯後閒話。

趣味的新思維歷史故事

——我所記得的古老故事

目錄

1「盤古開闢天地」

中國古代神話傳說，宇宙本是黑暗混沌一團，形似大雞蛋。這個說法，倒有些接近現代太空科學的「封閉宇宙」，周圍是有極限的，像蛋殼似的封閉外殼，裡面是黑暗混沌一團，「封閉宇宙」學說主張的是有限宇宙。另一派學說是「無限宇宙」，主張宇宙無邊無際，沒有外殼，而且不斷擴張，無數的星雲漩系在黑暗中向四面八方飛馳，這倒接近佛經所講的三千大千世界。

「有限宇宙」學說的有力證據，是世界最大口徑的無線電波太空能望遠鏡向太空發射的電波，都從四方八面，約有四百多億光年距離的終極，反射回來顯然是碰到了邊緣外殼。

「無限宇宙」學說則列舉測得無數星漩的無限向外飛馳，兩種學說至今仍在爭持不下，莫衷一是，對於宇宙的源起，「大爆炸」學說主張在負零點下若干秒，忽然從粒子大爆炸，在不到一秒鐘之內，形成了宇宙，各種物質向外輻射，此說有利於無限宇宙學說，但亦未成定論。

以上只是簡單淺說，未能深入。

聖經舊約創世紀說：上帝在水面上行走，那時候世界是一團黑暗混沌，上帝說要有光，祂就創造了光，把光明和黑暗分開了。

在地球上，起先是沒有水的，火山爆發後，由於有吃二氧化碳的微生物出現，吸碳呼氧，與氫化合，才有水。此說也不是百分之一百公認，若就此說，上帝所行走的「水面」，若是地球的「水」，則上帝創世在地球有水之後，或許，上帝所行走的水，不是在地球，而是在太空的「水」，近年來數次發現太空有單獨存在的巨大水「海」，就像佛經阿含經多處提及太空有「海」，而且有山，多山多海，那些山，不就是太空隕石。那些海，不就是冰與水？那麼上帝是在外太空的水面上行走而創造了光與暗的世界（地球）？抑或是無限的宇宙？眞叫人越想越頭大。

中國古代說盤古氏手持巨斧，劈開黑暗混沌，創造了天地。盤古昀名字，頗似地球學上的「盤古大陸」，就是尙未分裂漂流成爲五大洲陸的原始大陸。

苗族神話說盤古氏是狗頭人身，娶了高辛氏的公主。現代醫史上只見過象頭人身的嬰兒沒有見過狗頭人身，而且也養不活。可能盤古是史前石器時代的原始人，頭上戴著狗頭飾物，或是狼頭爲飾，作爲圖騰及威嚇的頭盔。

石器時代的盤古氏，可能手持石斧作爲武器與工具，可能是穴居人，住在山洞或地穴內，可能在太古時代，有過毀滅性核子戰爭，摧毀了文明，倖存者被迫居住在山洞地穴內，永遠在黑暗之中，或者是用山石封閉了洞口，造成黑暗世界。盤古氏與其族人，揮斧開劈障礙，打開了洞口，陽光射進洞穴，也見到了蒼天，走向洞外生活，無知的追隨者，以爲是盤古揮斧，開劈了天地。

這樣的推斷，應該比較合理可信，否則，怎麼說渺小類的人開劈了宇宙天地？這比上帝的靈在水面上行走創造天地世界，更難理解，神話說盤古氏身材每日增高，高至三萬尺，頂天立地；以防天塌下來，死後葬身南海地區三百里，也就更荒誕了。

中國西南的瑤族神話說，瑤王的弟弟造反，大軍圍攻，危急之下，瑤王懸賞徵求退敵之人，若能攜敵酋首級來，即以女兒下嫁。

後來，公主的愛犬，名叫盤瓠的，咬死敵酋，把首級叼來。瑤王不得不把公主嫁給牠，盤瓠與公主生下子孫，成爲瑤族的始祖。

瑤族也因此拜狗爲圖騰之神。盤瓠音盤古，他們認爲這隻狗就是盤古。

盤瓠可能是一個男子，頭戴狗頭面具，古代很多以各種動物爲面具及崇拜爲圖騰。狗跟人交配，不可能生育人類子孫，既有子孫，則此一盤瓠，應該是人類男子，而不可能是狗。

神話說，神農氏的女媧也是一隻狗，生下七男七女，狗與人結合，怎能生人類子孫？顯然這隻狗也只是戴上狗頭面具的男子，而非眞的是狗，若眞是狗，公主會肯嫁給牠嗎？

2「女媧與諾亞」

中國古代神話有一位大神，名叫女媧。耶教聖經舊約記述有一位祖先名叫諾亞，（NOAH）。女媧與諾亞似乎風馬牛不相干，但是兩個人的名字發音相近，難免令人聯想是否同一人，兩則神話是否可能同源？

從同源的假設推想，可以推論可能是古代猶太民族東來移民中原傳來，這種假設沒有什麼根據，但是，時至今日，中國中原地帶，仍有數以萬計的猶太民族後裔，在開封就保存著猶太人聚居的猶太街，他們已經漢化，卻仍保留可見的猶太種族特色，猶太人在古代老早就經由絲綢之路到中國來經商及定居，把中國的特產絲綢帶回以色列，進貢所羅門王。他們也帶來了猶太民族的文字與神話，不無可能把他們祖先諾亞的名字也帶過來。

聖經舊約記載的是猶太民族的「族史」及神話，加上耶太教義，它說：世界上的人類邪惡太多、多行不義，上帝耶和華很後悔曾經創造世界與人類，就叫上天下豪雨七日七夜，叫大洪水淹沒全世界，淹死所有人類。

這場大洪水，可能像南亞洲的大海嘯，也可能是地球南北極的冰帽冰山冰川全部溶解，使海面升高，使全世界淹沒在水底之下，人類全都滅亡。有些科學家推論大洪水發生的年代，可能是在一萬到一萬二千年前，也有推論是七八千年前。

耶和華上帝用大洪水淹殺祂所創造的阿當與夏娃的子孫，但是祂赦免了義人諾亞全家，祂預先警示諾亞，令之建造一艘巨大的方舟，以供全家逃避洪水，還准許攜帶各種牲口動物公母各一對。大洪水退盡之後，諾亞與子孫，帶著牲口，重新繁殖，成爲人類的祖宗。

大洪水的傳說，全世界很多民族都有各自的故事，共同點是都有乘船舟逃生，洪水的年代也都接近，很可能不只一次大洪水，被淹沒的也包括五大洲，不少族群逃上各處的高山，流傳下大洪水的故事，並非只有諾亞一家人才是倖存者。不過，石器或新石器時代的先民，未有文字記載，只有文化較先進的猶太民族在洪水後世寫下來，於是猶太民族的祖先諾亞爲世所知，被視爲唯一的劫後全民祖先。

諾亞方舟，是長方形的木造巨舟，估計可能長達八百英尺、寬三百多英尺，內分十數層。比今日的母艦或遊船更巨大，傳說洪水把它沖到土耳其與俄國交界的一萬八千多英尺海拔阿拉列山（ARARAT）峰頂，一九五〇年代，有美國軍用偵察飛機在空中拍攝得到方舟的照片，法國探險家曾登山在雪谷中拾獲一段殘木，疑是方舟的斷片，二〇〇三年，中國探險隊數人與牧師一人，在夏季登山尋找方舟，一無所獲，一無所見，只見到黑暗的深洞，懷疑方舟可能已毀，沉入深淵，但不敢冒險進入搜查，紀錄片中，只看到深洞的洞口。

猶太民族與阿拉伯人都是很早以前就從小亞細亞經絲綢之路的南北兩線進入中國貿易及定居。猶太人把祖先諾亞名字帶來，不無可能，再轉化爲女媧，也不無可能，猶太人進入中國，有說早在先秦時代已經開始，聖經舊約提及猶太人來往於SINE帝國從事貿易，從之帶回絲綢與陶瓷精品，這個SINE，就是「秦」的衍名。

女媧，其實未必是女性，可能是男性，可能是諾亞的名字轉化而來，也可能是圖騰的名字，硬說就是諾亞，也太牽強，但是的確音似。

中國西南的苗族與傜族等等山居的民族，傳說女媧氏與祝融氏躲在木舟裡，逃避大洪水，洪水退後，木舟漂停在山上，女媧氏的子孫重新繁衍，後代昌隆。這個神話就頗爲相似於諾亞方舟，也許可能是從諾亞方舟故事轉化的。苗族等民族，古代原居中原平原，逐漸被漢族驅趕迫害遷移西南山嶺，大洪水故事可能是在中原從猶太移民傳來，帶到山地，成爲女媧木舟避水，（尚有一說是躲在巨大葫蘆內避水）木舟比葫蘆較爲可信，因爲木舟可以建造大小隨意，世上卻沒有那麼巨大的葫蘆瓜。

3「女媧造人」

聖經舊約創世紀說耶和華上帝創造天地世界萬物，在第六天用泥土創造了男性的人類阿當，又趁他熟睡，取出他一根肋骨調和泥土，造成女性人類夏娃，是爲全世界人類的祖先。

這是猶太民族的古代神話，中國古代神話另有話說，據傳說是大神女媧氏在水池旁邊用黃泥摻水，揉捏成爲人類，有男有女，結合生育子孫。

山海經說：女媧古神女帝，人面蛇身，一日中七十變，太平御覽說：「俗說天地開闢，未有人民，女媧摶黃土作人」

人首蛇身，沒有兩手的，怎樣摶黃土捏造出黃皮膚的人！可見兩則神話互有抵觸，山海經說女媧是人面蛇身，可能是從古代的圖騰迷信蛇類而來的。古時原始人可能是穴居的石器時代母系社會，把族長的婦女頭像加上對蛇的崇拜，造形爲長髮女面蛇身的女媧偶像，反正誰也沒見過女媧。

那麼，到底是誰創造了人？簡單！大鬍子耶和華用泥土創造了阿當與夏娃成爲猶太人。女相長髮的女媧氏用黃土捏成黃皮膚的中國人，所以猶太人多大鬍子多體毛，中國人面貌較清秀而較少體毛，北美洲原住民的神話也說大神用泥土造人，用的是紅土，所以也們膚色較深，各民族分別都有大神用泥土造人之說，果然人類是「來自塵土」，也必「歸於塵土」，此理不待聖經啓示亦能自明。

神話各種版本都說女媧是女性，只有一種版本說是男性——「世本氏姓篇」說：女氏，天皇封弟瑀於汝水之陽，後爲天子，因稱女皇」，從這一段文字來看，「女」是姓氏，媧字是皇帝的弟弟名字瑀的轉化，後來做了皇帝，稱爲女皇。由於住在女水之畔，而得女氏之姓，這樣來看，就知女媧並非女性，而是姓「女」（以地爲姓）的「皇」（瑀是名字，訛轉爲媧），此段似乎比神話較爲可信。在水池之畔，揉黃土造人，可能是他在河畔生育子孫繁衍族氏，而不是捏泥巴做人，他的哥哥天皇是誰呢？可能是石器穴居民族的酋長，比三皇五帝更早。

梁武帝祠壁畫的女媧像，是人首蛇身，分明是毫無根據的迷信，不足採信。至於取土造人，是否可能？現階段科學無可證明，不過，人身的化學元素，在泥土中都有，變人就難說。

4「共工氏，女媧補天」

女媧氏煉石補天，家喻戶曉，紅樓夢作者曹雪芹說，女媧煉石補天，用剩一塊五色寶石，後來吸收日月精華，變成寶玉，就是賈寶玉啣玉而生的那塊命根子寶玉。紅樓夢此一文學名著，也利用了女媧煉石補天的神話，使女媧更名傳千古。如果深信天也可用石補修，那麼，啣玉而生就不算荒謬了。

頑劣不羈的叛逆少爺賈寶玉，原來是女媧補天用剩的頑石，他與極端憂鬱症兼肺癆病患者的林黛玉，兩人的愛情悲劇，感動了數百年來的讀者大衆爲之哭泣，在文學成就上，紅樓夢前無古人，後無來者，女媧氏眞不該留下這塊頑石來爲害於世。

女媧怎麼會煉石補天的呢？這就怪共工氏了。共工氏是誰？

史記的三皇本紀篇說：「女媧末年，諸侯有共工氏，任智刑以強，霸而不王，以水乘木，與祝融戰不勝而怒，乃頭觸不周山崩，天柱折，地維缺。」

淮南子曰：「昔者，共工氏與顓頊爭帝，怒而觸不周之山，天維絕，地柱折，故今此山缺壞不周帀也，……於是，女媧煉石以補天。」

山海經的海外南經說：「祝融生共工」

祝融是火神，是共工氏的父親，可是共工竟要興兵向父親爭帝位。淮南子說他與顓頊爭帝，這個顓頊，是否史記說的祝融火神之君？可能是吧？水中惡神共工氏戰敗，一怒之餘，頭撞不周山，這座山是支撐天地的主要支柱，竟被共工撞斷了。天就倒塌下來，大概如同當年台北××大學××堂的屋頂天花板那樣倒塌吧？天塌了，造成人間種種災難。天大概形似巨蛋運動場的圓頂，才可以修補。可能女媧氏發動了工程所與勞工奴隸，煉那五色之石，煉成了板塊，像保利龍一般，一塊一塊補上去。終於修補完整，所謂補天，可能只是補一所大堂的天面吧？共工氏用鐵頭功，一撞竟可撞倒擎天柱，顯然那也只不過是廳堂的一根支柱，不可能是一座大山。不周山塌了半邊，可能是類如左營半屏山那樣的大地震斷層造成的倒塌半周，可能本來就是倒塌了半邊，因稱不周山。五色之石，是各含不同礦物之素的石頭，可以用於補修天花板屋頂，也可能是穴居的屋頂。

傳說共工氏後來大興洪水去與治水的大禹作對，大禹治洪水，以疏濬方法，引導洪水流注大海，多年有成，洪水退去。有人計算，大禹治水的大洪水，可能在距今一萬年左右，看來與以色列的諾亞大洪水同一時代，那是全球性的大洪水災難，共工氏與大禹戰爭，那麼共工也是與諾亞同時代的人物，女媧戰敗共工，也是同時代人物，女媧之名，發音接近諾亞，令人聯想女媧就是諾亞。中國古代文化源起於黃河流域的中原，也有另說起源於西方的中東，所持論證據是巴比倫一帶的楔形文字近似中國古文，也許是中東民族逐漸東移，猶太人把大洪水故事帶來了中國，也帶來了諾亞之名。近人發現部份華人的DNA與地中海中東民族DNA相似，一切都嫌證據未足，西來說言之尚早，但不無研討價值。（另有新說中國民族源起非洲，更難考證。）

5「神農氏，神女與精衛」

古代神話傳說，神農氏嚐百草，以行醫道。今世以神農氏爲醫神，稱「神農大帝」。神農是誰呢?原來就是炎帝。中國自稱是炎黃子孫，就是炎帝及黃帝的後代。

古書之一「繹史」的卷五說：「炎帝者，黃帝同母異父之兄弟也，各有天下之一半。黃帝行道，而炎帝不聽，故戰於涿鹿之野，血流漂杵」

先民的原始社會，未有今日之一夫一妻制度，當時一妻多夫，或一夫多妻，視實際需求而定。母系社會是一妻多夫情形較多，就像男性爲中心的社會族群，男性帝王擁有很多妃子，母系族群的女性領袖，女擁有多個男子，或者有共妻共夫的情形，炎黃兩人，可能就是母系社會共妻或多夫的結果，可能社會正從母系移向男權之中。炎黃兄弟爲了爭奪領導權而大戰於涿野，戰爭慘烈，雙方死傷慘重，血流成河，竟可以將木杵漂流。黃帝與炎帝大戰，黃帝與蚩尤亦大戰，炎帝與蚩尤似是同一人而異名，也有說蚩尤是炎帝的子孫，一般推論則認爲炎帝與蚩尤是同一人。（編者按：各家說法不一，待考）

「呂氏春秋」說：「醜不若黃帝。」，就是說黃帝長相再醜不過，這可傷害了多少黃帝子孫的心，原來黃帝並非畫像那麼英明神武。

炎帝是農科與醫藥之神，教民耕種與醫術藥學，被尊爲醫藥始祖，因稱「神農」大帝，傳說他親嚐百草，找尋療方，曾一日中毒七十次，最後因嚐斷腸草（又名鉤吻）中毒而死，本草綱目說這是野葛。人民感念神農氏、在多處建祠紀念。可見炎帝並非黃帝徒衆指稱不行仁義無道之君。炎黃兩人，行事各異，各有仁義，黃帝爲爭天下而戰，也因而抹黑了炎帝。後人不察，誤以炎帝蚩尤爲惡魔，眞乃冤枉不幸！

傳說炎帝是牛頭人身，可能是他頭戴有兩隻水牛角的頭盔之形象，古代不只北歐威京族勇士戴牛角頭盔，其他民族也有戴牛角的，炎帝所教農耕社會，水牛是農耕必需牲口，戰士頭戴牛角是很合理之事，炎帝蚩尤善於作霧，放出五里大霧包圍黃帝，但是黃帝發明了指南車，大軍通過大霧，殺敗炎帝，所謂作五里霧。今天知識可以斷定蚩尤是施放煙幕，神農精於醫藥，自然能夠製造煙霧，甚至是毒氣。可算是化學戰爭之始祖，而非神通或妖術。

黃帝也精於醫術，所傳的「黃帝素女內經」一出，至今仍被漢醫尊崇，視爲內典瑰寶，他所發明的指南針對全世界貢獻至巨。

炎帝所傳的醫術與藥物學，內科傳到春秋時代的扁鵲，又傳外科手術到三國的華陀，都成爲神醫，傳到漢代神醫張仲景，更發揚光大，所著「傷寒論」一出，成爲後世至今日的漢醫寶典、針灸術傳遍全球，漸爲西醫採用。

從這些看來，炎帝蚩尤並非惡人，黃帝軒轅氏也是好人，他們確有其人，各自傳下醫術。當初戰爭，是爲了爭權位，人總有私心，聖賢也難免，史家每每偏袒黃帝而貶炎帝，實不公平！

炎帝有一個小女兒，名叫瑤姬，未到成年就夭亡，天帝憐之，封她爲巫山之神，司管巫山巫峽的雲和雨，巫峰頂上至今仍可見形似少女的峰頂，稱爲神女峰，乘汽船遊長江三峽，抬頭可見。戰國末期，楚懷王遊幸到高唐，夢見巫山神女來相會，就在巫山建造廟宇「朝雲廟」，以資紀念，後他的兒子楚襄王來此，也夢會了巫山神女。御用文人宋玉因此作賦兩首：「高唐賦」與「神女賦」，文采綺麗而神秘，是文學名作，神女之名因此廣傳。

炎帝的另一個女兒，名叫女娃，在東海遊玩，不愼被淹死在海中，她的靈魂化爲海鳥，是花頭，白喙，紅腳，黑羽的小鳥，因爲含恨東海，每天不停啣了石頭投入海水中，發誓要把東海塡平，此種海鳥，名爲「精衛」。紅樓夢一書提到林黛玉的悲情戀念，是「精衛塡海」，明知不可能而愛而恨。精衛之名也因紅樓夢而廣傳，成爲癡情的象徵，近代史上的名人汪精衛，原名兆銘，十五歲在北京投炸彈行刺肅親王，失手被擒，罪當斬首，隆裕太后見到他在獄中所作絕命詩：「慷慨歌燕市，從容作楚囚，引刀成一快，莫負少年頭。」題名汪精衛。太后親自提審，憐其年少，愛其奇才，予以特赦。汪精衛後來與蔣介石不和：出走至南京，在日本佔領軍之下另組國民政府，被視爲漢奸，後來死於日本名古屋醫院，這是塡海失敗的又一個精衛。

時至今日，仍有很多精衛鳥在東海投石子，經專家研究，原來牠們是將小石子投進海水，吸引魚兒來呑食，精衛鳥趁此一沖而下把魚兒吃掉，並非什麼塡海洩憤。

恨海難塡，成語來自炎帝之女。

6「彭祖壽高八百歲」

明太祖朱元璋，少年時代因貧窮無以爲生而到廟裡做小沙彌，後來投軍，依附軍閥郭子興，累積戰功，統領郭氏軍力，善用謀士劉基（劉伯溫），推翻元朝，而自立爲帝，國號曰「明」，朱元璋雖曾出家，卻非守戒修行之人，還俗後征戰南北，殺戮甚多，後來還大誅功臣，劉伯溫的神算與道術，傳誦千古，但亦難逃毒手，被朱元璋下令服毒自盡於隱居的鄉邸。

劉伯溫以「燒餅歌」見稱於世，後世凡有災難，後人多有附會，指爲燒餅歌早有預言，但是均無從事先解謎，其實均爲附會而已，例如：歌中云「手執鋼刀九十九，殺盡胡人方罷休」，一向無解，後世卻指爲孫文革命推翻滿清，實在牽強穿鑿附會！

劉伯溫自知功高震主，就告病歸田，在鄉下過清淡日子，怎料朱元璋派人送來毒酒，令之服下而身亡，劉伯溫連自身安危都不能預知，有何本事在燒餅歌預言數百年後的大事？

劉伯溫鄉居以詩酒自娛，曾題詩一首贈美女，詩云：「舊花欲落新花好，新人歡笑舊人老，佳人見此心相憐，舉觴勸我學神仙。我聞神仙亦有死，獨我與子不見耳，昔人高壽唯彭祖，八百載後又何如？」

古來方士多稱神仙不死，學仙服不死之藥，成爲風尙，秦始皇迷信不死，被方士徐福所愚弄，派之赴海外尋找不死仙草，徐福帶了五百童男童女，十數艘官船，渡海到達扶桑（今之日本），就不再歸國。徐福一群落籍，或者是被土人殺光，至今日本仍有徐福之墓，是一處觀光景點，眞僞難知。

劉伯溫詩句參透生死之理，卻也極表人生無奈，提到彭祖活了八百年，可是八百年之後又如何？還不是死掉？不過此詩有名，把無聞的彭祖抬了出來。

彭祖何許人？據說他是顓頊大帝的玄孫。

顓頊是黃帝的曾孫。山海經說，黃帝的妻子之一嫘祖——就是發明養蠶取絲，教民製絲綢的那個妃子——她的兒子昌意因罪被貶往四川若水，娶了淖子氏的女兒，生了顓頊。後來繼承了黃帝成爲皇帝，號稱「天帝」，權傾天下。

共工氏起兵向顓頊爭奪天下，兵敗，一怒以頭撞斷了擎天柱不周山，山崩倒一半，天塌了下來，殆如「巨蛋」運動場之塌頂，女媧氏煉五色之石，才把天補好。這段神話，前文已述，發生的時代，各說歧異，甚不合邏輯，神話故事，本來就是荒誕不合理，哪能一一細究？不必去傷這腦筋吧！

山海經說，顓頊的孫子陸終娶了鬼方氏的女子名叫女嬇的，懷孕三年，生不下來孩子，後來由醫師用刀，在左邊脇下，剖腹取出三個兒子，又從右脇下剖取三個兒子，其中之一就是彭祖。剖腹生子，在今世是平常的事，在古代恐怕只是傳說神話吧！何況竟剖出六個胎兒來？尼泊爾兩千多年前有王妃剖腹生下釋迦牟尼，莫非古代眞的早已有剖腹生子的醫術！存疑可也！不必深信也不必深究！

彭祖姓籛，名鏗，生於堯舜時代，傳說活了八百歲，活到周朝初年，自歎短命。神仙傳說：彭祖姓籛名鏗，殷末時已七百六十七歲，容顏不老。殷王令采女問道於彭祖長生不老之道，彭祖說：吾遺腹而生，三歲失母，遇犬戎之亂流離西域百有餘年，喪四十九妻，失五十四子，數遭憂患，和氣傷折，所聞淺薄，不足宣傳。

彭祖自述死了四十九個老婆和五十四個兒子，一生辛苦，見聞淺薄，沒有什麼可提的長生不老之術。

七十多年之後，有人在西域流沙國見到彭祖，容貌少年如舊。流沙國可能就是西遊記中的流沙河，那是在新疆西部，可能彭祖住在那邊山地，空氣好，運動多，飲羊奶，吃羊肉，所以健壯長壽吧？列仙傳：彭祖常食桂芝，善導引行氣。桂可能是玉桂，芝可能是靈芝。引氣可能是煉氣功。

彭祖壽八百年，還比不上舊約中大洪水的諾亞活了九百九十多歲，諾亞的子孫也都活了五六百年，假如這些神話傳說屬實，那麼今世最長壽的一百一十四歲的日本老婦，一百四十歲的南美洲安地斯山佬，就都瞠乎其後。阿富汗北邊的洪茲地區山地，最年輕的山佬是一百一十歲，老的一百四十五歲。貧窮的山民以吃玉蜀黍及野菜爲主，喝酒又喝羊奶。可能是遺傳基因有長壽的基因，不能全取決於吃素或吃葷。當然素食大大有益，但不會是唯一的長壽原因。

另外，彭祖時代的年曆計算，是否與今世相同？諾亞的年代是否與現代一樣？會不會他們的一年，只是現代的一個月？八百歲只是八十？

7 「黃帝與蚩尤之戰」

黃帝是中央大帝，炎帝是西南方的大帝，黃帝與炎帝蚩尤的戰爭，是上古傳說的空前慘烈大戰。蚩尤的身份，一說就是炎帝，另說就是炎帝的孫子仍襲用炎帝名號，統治中國西南方，至今仍爲苗族奉祀的大神，顯然是苗族的領導人。

黃帝是中原的大帝，漢族的領袖，要擴張他的漢族帝國，向四方動兵，黃炎之戰，其實是中原漢族與西南苗族爭奪生存空間的大戰，炎帝蚩尤兵敗，苗族及傜族等較少數民族被漢族驅趕到西南山區，成爲山地人，史書多偏頌黃帝而貶蚩尤炎帝，實爲不公之至，史書多稱蚩尤爲殘酷無道之凶神暴君，而頌揚黃帝爲仁義之君是正統天子，仁政愛民。

神話傳說的蚩尤是個獸頭人身的惡神，黃帝則是相貌威武的正神。所謂英明神武，以漢族爲主流的神話與史册，難免是崇拜黃帝而抹黑炎帝蚩尤。後者若眞是兇殘無道，後世的苗族傜族等等西南民族怎麼會仍在崇祀他？千秋之下，仍獲人民追念敬仰，可見他對人民必有貢獻，絕非暴君。

黃炎之爭，是漢族與苗族爭奪生存空間，也是黃帝與炎帝的權力鬥爭，成者爲王，敗者爲寇。史書無公論，盡信書不如無書。

神話傳說，黃帝在昆崙山建有豪華無比的宮殿，又有懸空的大花園，樹上排滿珍珠寶石，黃帝另有一處行宮，位於青要山，即今日河南新安縣境內，都派有虎頭人身又有翅膀的神將看守，黃帝時常到各處行宮，與成群宮妃享樂，因而著作了素女經，傳授房中術，婦科與氣功，細心翻閱山海經，搜神記等等古籍，都會發現黃帝也是一個奢侈的皇帝，大概有權有勢，誰也難免奢侈吧。

子貢問孔子：「古者，黃帝四面，信乎？」

孔子怎麼回答？不詳，不過，黃帝可能有四個不同的假面具，輪流戴著，不讓人看見他的本來眞面目，以策安全，或者也遮掩他的醜貌。（呂氏春秋說醜莫若黃帝）或者在作戰之時也戴上可怖的假面具。

在涿鹿地區的大會戰之時，黃帝統率的大軍，戴著各種兇猛野獸形象的頭盔與披甲，還有化裝扮成天神天兵，征討南方的苗族傜族聯軍。炎帝蚩尤所率領大軍，也都頭戴野獸頭盔，包括老虎、野牛、水牛、猩猩、野狼、野狗，還有各種妖魔鬼怪的裝扮，號稱魑魅魍魎，雙方軍隊，合計數十萬人之衆，在河北涿鹿地區作殊死大戰。神話傳說黃帝是仁義之師，他帶的是正神，蚩尤是邪惡之輩，帶的是妖魔鬼怪，邪不勝正，蚩尤兵敗，被黃帝所誅殺。

其實，兩軍都只是血肉之軀的凡人，沒有神鬼，兩軍作戰扮神扮鬼，是古代原始民族作戰常見的方式，是用神鬼及猛獸的形象來震懾敵軍。今世童子軍分別自稱什麼獅隊、熊隊、虎隊，可能也是古風的流傳。

炎帝蚩尤用化學戰術，可能是施放毒氣，也可能是乾冰，造成五里方圓的大霧，圍困黃帝大軍，趁霧殺敗黃軍，被困迷向的黃帝，幸得臣子風后氏呈獻所發明的指南車，車上的手指向南方，黃帝才得以領軍突圍。後來打敗炎帝蚩尤。指南針，其實是風后發明的，後人訛傳爲黃帝發明，指南針是指向地球的磁北極，不是指向南方的，傳說是指南，可能當時的南其實是北，地球的南北磁極曾經翻過大跟斗，現代科學發現很多地方同一地點不同地層各有不的磁向，一層的磁向指北，另一層卻指南，所以爲地球南北極可能在太古時代翻轉。因此，黃帝命風后所發明的指南針，可能是指向磁北，但當時的北被稱爲南，問題是，黃帝的時代有那麼久遠嗎？眞叫人糊塗！

黃帝俘虜了炎帝蚩尤，在塗山大會諸侯，當衆行刑，凌遲殺死蚩尤，這是殺雞警猴，看哪一個諸侯敢效尤？

平定了天下，黃帝到處出遊，在鼎湖山頂，有黃龍自天而降，近接黃帝飛升往上天爲天帝，群臣爭著攀龍，有七十多人獲得登龍升天。

那條黃龍，可能不是龍，而是太空飛船，所以能載七八十個臣子升空，倘若是中國的五爪金龍，怎能？加拿大西部的奧坎那根湖，湖長一百多公里、寬十多里，多次傳出有人攝得湖中出現巨龍，形似中國龍，新疆也於延平發現大湖有龍，若都證實，的確有龍，但是不管是恐龍，是巨蛇，是金龍，怎能升天飛航？黃帝登上的不可能是龍，可能是太空飛船，其外形似恐龍吧？把他帶到外太空去了。

苗人至今仍吹奏炎帝所發明的笙管。

8 「后羿射日，嫦娥奔月」

中國古代神話傳說：帝堯時代，天上出現十個太陽，把地面都晒燒成焦炭了，把一切禾苗和農作物都燒成灰，河川水流都晒乾了，牲口和野獸都晒死了，民不聊生，看看都將被乾旱與炎熱滅絕。

傳說這十個太陽，是東方天帝帝俊的妻子羲和氏所生的。帝俊是一個鳥頭似鷹的人身大神，是殷族的奉祀祖先，殷族就後來取代夏朝（大禹子孫）而成立殷朝的東方民族，不是漢族。帝俊與妻子住在東北方海外的湯谷，該處的海水滾熱鼎沸，是個溫泉。

一個婦人怎會生下十個太陽兒子？這段神話實難令人接受，帝俊的來歷，傳說是他的母親拾取燕子的卵吃了就懷孕生下他。這段難以自圓其說的神話甚似日本古代神話所說處女拾吃神鳥之卵而得孕生下天皇始祖。可能是太古時代未有夫妻制度，婦女野合懷孕，諉稱神賜，以提高地位，至於生下十個太陽，那眞是難以想像，更難置信，神話本來就不可深究。

屈原的楚辭說：「堯之時，十日並出，流金礫石。」，淮南子本經篇說：「堯之時，十日並出焦禾稼，殺草木，民無所食。」既然連屈原也說有十個太陽同時出，淮南子書也如是說，只好姑妄信之。

堯帝有一個武將，名叫后羿，擅於射箭，堯帝派后羿去射日，后羿用他的神弓射落了九個太陽，只留下一個。

弓箭的射程只不過數百尺，怎射落遠在數以億兆里路計算的太陽？就算是射到，怎麼不被太陽的烈火所焚毀？

姑妄言之，后羿可能是當時的太空導彈司令，從發射架上一連發射了太空火箭多枚，把九個太陽射落。

天上的十個太陽，只有一個是眞的太陽，就是我們太陽系的太陽，比地球巨大不知多少億倍，溫度高達數萬度，怎麼會被太空火箭射落，還沒射到，早就被烈火吞沒熔化啦！

后羿所射落的九個太陽，可能是出現在上空的飛碟，或UFO，是圓形的金屬製品，能發光或反射日光，它們並列結隊，浮在空中，可能距離地球不遠，只有數里路，從地面向上望，就誤以爲是太陽，后羿的火箭，把九個一列的飛碟射落了，卻不能把眞正的太陽射落。

后羿時代會有太空火箭？誰知道有或沒有，上古時代可能早已有先進的科學與武器，古代的文明，不知翻轉了多少次？五大洲可能翻身多次，太古的文明可能早已沉入海底深淵，今日的陸地可能原是板塊的底板，百慕達三角的神祕海底沉城，可能是太古時代的高度文明大西洋城，臺灣東岸宜蘭以東三百多海浬的與那國島，發現疑是古代沉城有人工形態的巨大岩石平台，類如機場跑道。澎湖虎井嶼附近數十尺深處發現疑是磚造的海衣城牆，而現代菲律賓一些僻島也還有石器時代穴居人民族。文明在各地的發展如此參差，古代更甚，后羿如果能射日，很可能就是用太空火箭。

后羿的太太嫦娥，又名姮娥，是個很美麗的女子，發現丈夫有外遇，在洛水愛上宓妃（就是後來曹植寫洛神賦的藍本洛神宓妃，是河伯的妻子，屈原在離騷中大大讚美她的美麗），嫦娥一怒之餘，竊服了王母娘娘賜給后羿的仙丹藥丸，飛升太空，到了月球。

嫦娥奔月是一個很廣流傳的美麗神話，從淮南子到後世的傳說，都說是嫦娥偷吃了王母娘娘賜給后羿的不死之藥，嫦娥吞丸子就飛往月亮。唐代詩人李商隱有詩句：「嫦娥應悔偷靈藥，碧海青天夜夜心。」表現嫦娥在月球上的寂寞孤獨可憐。

嫦娥竊取的藥丸怎能飛升太空？應該是偷駕太空飛船吧？丈夫后羿是太空火箭司令官，可能備有太空火箭飛船，像神舟六號似的，太太趁他不在去了洛水偷會宓妃，趁此駕駛太空船奔向月球。

古代的「丸」字，可作藥「丸」解，也可作「船舟」解，今世的日本輪船，什麼東京丸、橫濱丸……丸字就作輪船解。來源是中國古代的漢字，嫦娥竊「丸」奔月，可就是偷駕太空飛船飛去月球，比吃了藥丸能飛太空，較爲可信。

后羿與宓妃的婚外情，也沒有什麼好結局，宓妃的丈夫是水神河伯，原名馮夷，向后羿問罪，被后羿射死，宓妃也離開后羿，後來后羿被他的學生逢蒙所射死，似乎也是爲了爭奪宓妃，這個禍水美女，後來被曹植夢會，爲之寫了「洛神賦」，實則是暗指大嫂甄妃（曹丕妻）

9「堯帝與舜帝」

歷史上每稱賢君，必推崇堯帝與舜帝，稱美堯舜之世，認爲是最完美的時代。每每對君主拍馬屁，也必頌揚是德比堯舜。

傳說堯帝是最節儉的皇帝，住在村野的草房，飲食簡樸，又親率妻子兒女下田耕種，又很親民，聽來頗似是村長，而不像是皇帝，可能那時人口少國土小，生活簡單，民風純樸。

傳說舜帝本是貧窮的農家子，天性純孝，驅象耕田孝敬父母，父親是瞎子，母親已逝，後母經常虐待他，驅他苦役，短給衣食，而偏愛親生兒子象兒，這個同父異母的弟弟，曾放火焚燒草房企圖殺死舜，都不得逞，舜卻不記仇恨，依然謙讓，終於感化了象去改邪歸正。

傳聞中的象弟，可能並無其人，舜感化象弟，可能是他馴服巨象作爲耕種獸力，象被訛轉是他的弟弟，也可能名字象與眞象相同。

呂氏春秋說：「商人服象，爲虐東夷，周公以師逐之至於江南」，可見商民族早已馴服了象群，用於農耕及作戰，後來象群太多，爲害於民，到了周朝，象禍更烈，周公旦當時是元輔首相，派出軍隊滅象，把象群趕到長江南岸去。

象本是熱帶野獸，怎麼跑到中國的北方包括舜帝家鄉山西去成爲家畜耕力呢？貧家如舜，也能擁有一頭象，可見象爲數很多而且價廉，可能比牛馬爲廉，也許彼時的先民先馴服了象群，早於馴服牛馬，驅使大象拖犂耕種，是當時普遍之事。也許那時的象，是古代巨象猛獁，有長毛覆體，不怕寒冷，不是後世的熱帶大象，也許古時的中國北方原是炎熱的熱帶，象群可以生存，後來氣候變冷了，象群南下，回到雲南定居至今，中國考古出土時有發現象骨化石，「象」字就是象形的造字，像一頭象。

堯帝年老，要將帝位禪讓給賢人，不傳給兒子朱由，他先讓給賢者許由，許由掩耳而逃，到溪邊洗耳，堯帝終於找到舜，把帝位禪讓給他，又把兩個女兒嫁給他，這兩個女兒就是娥皇與女英，又令樂師延做成二十三絃的瑟，製成交響樂曲九龍之曲，後世孔子聽到也讚歎（史記有載）。

舜帝後來死在南方的蒼梧（今之廣西梧州）當地建廟奉祀，但是遺體葬在武漢九嶷山。

堯帝在位時，全國發生大洪水，長達二十二年之久，人民流離失所，田園被淹沒，穡稼被淹毀，人民無以為生，野獸橫行，以人為食，爬蟲類特別繁昌，尤以蛇類為多，還有一種可以直立與人高的毒蛇，稱為「委蛇」，可能是今天所稱的「眼鏡蛇」，又有可以吞下人畜的巨蟒。

這場大洪水，是否就是聖經創世紀卷六所說的耶和華上帝不滿世人多罪惡而降災的大洪水？聖經的大洪水，估計發生在大約一萬年前。堯帝的年代，有說是一萬年前，有說是八千年前，頗難考證，假如是一萬年，那麼就有可能是耶和華降災的大洪水，自古以來，黃河及長江都有大洪水之災患，不知多少次，很難說堯帝的大洪水是否聖經的大洪水。

有一點很奇怪，有近世學者發現，堯帝的名字：「堯」與「耶和華」相近，把耶和華唸快一點，就成為堯，反之，把堯字唸慢一點，就成為接近猶太古語的耶和華，這些可能都是附會，很難說中國古代天帝堯就是猶太民族的上帝耶和華，中猶兩民族的神話，是否互有影響？反正兩者皆非信史，姑妄言之可也。

耶和華只降災用大洪水淹死人類，沒有叫人救災，只叫諾亞善人逃上方舟避水，堯帝命人救災，這一點兩個上帝作風不同。

堯帝派了鯀去治水，鯀可能是當時的水利工程大臣，他用的方法是堵水，用泥土堵塞洪水，治了九年，洪水越堵越高，堯帝就把鯀殺死，一說是繼任的舜帝把鯀殺死於羽山，改任鯀的兒子禹去治水。禹改用疏導方法，開闢水路，費了十三年，終於把洪水引導入海，平了水患，舜帝就把帝位禪讓給禹，後來禹傳位給兒子啓，始創父子相傳的封建制度，稱國號爲夏，逐漸進入信史時代。

大禹治水，據說五過家門而不入，公以忘私。但是帝位不禪讓賢能而傳給兒子，這是家天下的自私行爲，開了先河，後世歷代帝王均效法世襲，形成中國兩千年的封建制度。

大禹治水，遭到共工氏的阻撓破壞，而且對大禹發起戰爭，企圖搶奪帝位，大禹號令諸侯聚會於會稽山，共商討伐共工氏，諸侯之一防風氏因路途受阻而遲到，被大禹斬首。大禹率領諸侯大軍，平定了共工氏，將他斬首族滅，從此共工氏一族滅亡，當初以頭撞天柱以致天塌的共工氏，是這樣下場。傳說後世數千年，到了春秋時代，越王勾踐滅了夫差吳國，佔了會稽，發掘出巨大頭骨，請孔子鑑定，孔子說是共工氏的頭，當地居民哀悼防風氏慘死，建有防風氏靈廟，每年忌辰祭拜，吹奏防風氏所作的竹管曲子，音調悲哀，三人披髮而舞於廟前，述異記有此記載，風俗至今仍存，稱爲防風祭。

傳說陝西黃河的龍門峽與龍門山一分爲二，就是大禹開鑿的，三門峽也是，開鑿之後，黃河洪水無阻，不再迴流，奔向大海，這麼說來，大洪水禍源是黃河上游的融雪與豪雨，不是耶和華降的大雨，中國與以色列的各自大洪水，是兩回事，黃河長江自古多水患，長江三峽也有大禹治水斬龍的神話，命名爲斬龍峽，大概都是後人附會的。黃河有鯉魚跳龍門奇觀，跳上了急流就變龍，其實是跳上去產卵。

大禹治水有功，舜帝禪帝位給他，又把一個女兒嫁給他，子孫後來成爲秦國的皇帝，神話說他們都是大鷹的形體，可能秦族是拜鷹的民族，像北美洲土人以烏鴉或巨鷹爲圖騰與頭飾，史記秦本紀說：「秦之先，帝顓頊之裔孫，帝舜乃以女妻之，賜姓嬴。」，原來是有來頭的。

10「李冰，都江堰，二郎神」

大禹治水後，過了數千年，到了秦昭王，大洪水又再發生，洪水的地點，是長江上游的四川盆地，四川就是四條河川，合稱四川，洪水氾濫，農田全被淹沒，人民無以爲生。

秦昭王派出李冰出任郡守，命他治水，李冰與幼子二郎，發動川民，開闢河道，濬疏河床，又以竹皮綑縛巨石，築成巨堤，將河道分爲二，一條引水注入長江，另一引水灌溉農田，石堤名都江堰，李冰之水利工程設計，使四川成爲少有水患，而多沃野良田，富甲全國。時隔兩千年，如今都江堰仍安然屹立。李冰父子對水利的貢獻，超逾大禹，川人至今仍立廟奉祀李冰父子，現代遊客，多往參拜，香火至盛，李冰父子均被奉祀爲神，川民尊稱爲李王爺，廟稱崇德廟。

川人尊稱李冰次子爲二郎神，是紀念他隨父治水有功。封神榜與西遊記卻把楊戩封爲二郎神，楊戩是灌口人氏，曾任武將，不知如何被尊爲二郎神，又說他是玉皇大帝的女婿，說他兩眉的眉心中央有一隻豎立的神眼，他一共有三雙眼睛，神通廣大，他手下有梅山七怪來皈的梅山七兄弟，還有一隻哮天犬，一隻獵鷹，他掃蕩天下魔怪，勇猛無倫，唯一遇到的敵手，乃是齊天大聖孫悟空，西遊記描述楊戩與孫猴子戰鬥與大鬥神通，十分精彩，孫猴子變成猛虎攻擊，二郎神就變成猴子還擊；孫猴子就地一滾，變成巨象，二郎神就變成小老鼠；孫猴子把腰一伸，變成與天比高的巨神，二郎神也變成巨神；孫猴子得勝一陣，二郎神得勝兩場；孫猴子駕跟斗雲，飛到灌口，變成二郎神的家廟，二郎神隨後趕到，哈哈大笑：「哪有旗桿插在廟後面的，分明這是孫猴子變的廟宇，尾巴在後面做旗桿。」孫猴子打算等二郎神跨進大門就一口咬死他，誰知二郎神不上當，一腳踢倒了大門檻，那是猴子的牙齒。

那是西遊記的精彩故事之一，十分迷人，小孩們無不著迷，也都偏袒孫猴子，不幫二郎神。

其實，二郎神是李冰的次子，漸漸被誤傳是楊戩，可能是因爲李二郎被傳頗有神勇與神力，二郎經常率領七個武士隨扈和一頭獒犬，曾經斬殺巨蟒，此七將就被訛傳爲梅山七友。四川灌口鄉的李二郎廟，也漸漸傳爲楊二郎廟。

李冰治水，也有神話，傳說他以親女引誘河神，他劍誅河神，從此永除每年貢獻處女祭拜河神爲妻的陋俗，河神原來是一條蛟龍，誅蛟之後，江河水退，正史無載，但是太平御覽與蜀記均有記述李冰父子誅殺蛟龍，可能那是一條巨大吃人的水蛇或南蛇吧，李冰父子斬龍地點在灌縣，名伏龍潭，上古山澤多巨蛇，故此李冰父子斬龍之事也有可能，土人迷信每年奉供處女餵蛇也是不少民族的陋習。

李冰對四川的貢獻，除了治水，還開拓了通往西南雲南緬甸的商道，路寬五尺的山道，可供騾馬商旅行走，首創通往西方的貿易，把四川的絲綢瓷器藥材輸往中亞及西方。

有些古籍說，秦始皇就位後，重用李冰老臣，命他設計在湖南與廣西之間，開鑿運河，名爲靈渠;上通湘江，下接桂江，前者水位低於後者十餘尺，李冰設計水閘，使船舶得以隨水閘各段水位升降，此一設計，早於巴拿馬運河兩千年，至今仍在使用，風景秀麗，可比大運河，原來是秦始皇用以運輸軍隊及軍品，經桂林進入北江，征服廣東的運河。

11「望帝春心託杜鵑」

望帝春心託杜鵑，是有名的唐朝詩人李商隱的詩句。

望帝是誰？太平御覽卷八蜀王本紀說：「男子名杜宇，從天而降，止於朱提，自立爲王，號爲蜀王，又名望帝，有一女名利，從江而出，爲杜宇妻。」

原來杜宇是從天而降的男子，可能那時已有直升飛機，他是乘直升機從天而降的。利小姐可能在江邊洗衣的浣女，所謂從江而出，兩情相悅，成了夫婦，杜宇體恤民艱，教導川民耕種，太太教人養蠶，繅絲織綢，川人豐衣足食，無憂無患。（蜀字就是一條蠶虫形狀）

後來江水飄來男子浮屍，撈起後復活，自言名叫鼈靈，頗有才幹，杜宇拜之爲相，治國有功，又開闢了巫峽，宣洩了洪水（此事顯然早在先秦時代，早於李冰治水），杜宇把帝位禪讓給他，號稱叢帝。杜宇退位之後，隱居在西山，杜宇死後，魂化杜鵑鳥，懷念故國，每於子夜悲啼，杜鵑鳥又名杜宇，因此而來。

另說杜宇私通叢帝之妻，愛情至深，魂化杜鵑，思念愛人而悲啼，至於泣血，古來詩人詞客，多喜歡把杜鵑鳥描寫爲悲泣啼血的淒美，事實上，杜鵑鳥在子夜哀啼，其聲悲哀，那是詩人的感受，杜鵑並不悲哀，那是雄鳥求偶的啼聲，雌鳥在夜晚聽到雄鳥啼聲，覺得美妙又羅曼蒂克，就飛去相就成爲愛侶，不過，杜鵑並不築巢，也不孵卵，母鳥把蛋下在別的鳥巢，混在人家的鳥卵當中，那隻笨鳥把杜鵑的蛋也一起孵化，一起養大，小杜鵑有時會把巢中小鳥啄吃掉，甚至把養父母也吃掉，牠羽毛既豐，就飛走了。杜鵑鳥實在是一種壞鳥，並非那麼詩可憐。（動物紀錄片常有映出杜鵑的強盜行爲，跟烏鴉相似。）李商隱詩句用望帝化爲杜鵑哀啼來描寫痴戀的悲情，美化了。

四川盛產杜鵑花，品種繁多，春夏之間，浸山遍野，萬紫千紅，巨型品種稱爲紫陽花，這些美麗的花，不知如何竟與杜鵑鳥同名？

蜀國後來被秦國所滅，秦昭王派李冰去四川做郡守，據說杜鵑悲亡國之恨，哀悼更多了，自然都是文人多大話。

12 「大人國與小人國」

英國十八世紀作家史惠夫特名著「格利弗遊記」，記述格利弗乘船漂流先後到了大人國、小人國等奇異國土。在大人國他成爲國王的小玩偶，被關在鳥籠裡；在小人國他被數百個小人用繩釘縛住，後來令他涉水去把敵國的艦隊俘擄過來，立下大功，卻因酒醉對著皇宮撒尿而被判罪放逐。

遊記的故事後段是寫他漂流到蠻荒世界，遇到巨大的獅虎猛獸和恐龍，九死一生，後來又到了在空中飛行的島國。

遊記極受兒童歡迎，於今未衰，誇張渲染的神話，中國古代尤多，干寶著的搜神記，劉安著的淮南子等等，都滿篇神話，荒誕無比，不過都很簡短，也缺乏連貫的故事特色，所以在神話文學上，遠不及阿拉伯天方夜譚，也不及希臘神話的可讀可娛。直到明代出版了可能是道士丘長春所作的封神榜，與吳承恩作品西遊記，神話故事才有文學價值的完整，不再是短短的零星片段。

現代中國人有高達一八五公分的籃球明星，蒙古有高達一九二公分的巨人，臺灣在數千年前有一八〇公分的巨人，擔任飯堂守門，大門一坐，像一座巨神，誰也不敢上門白吃，中國歷代都有巨人，以色列古代著名的巨人被大衛用拋石打中腦袋而死，德國叢林也發現過巨人屍骨，格林童話講述的巨人之族，希臘神話講述奧林匹克山上住的是巨人民族，半人半神。

全世界各地都有過巨人，但都比不上中國古代神話的巨人巨大誇張，傳說越王勾踐亡吳之後，在會稽山發現防風氏屍骸，頭顱大到要用牛車才裝得下，孔子說是防風氏的頭。

山海經的大荒東經說：「大荒之中，有山名大言，日月所出，有波谷山，有大人之國。」又說：「崑崙山以北九萬里，有龍伯國，人身長三十丈，以東佻人國，人身長三十丈五尺。」

博物志說他們：「孕三十六年，生而白頭，能乘雲，蓋龍類也。」原來這些巨人是龍的傳人，還有，傳說共工氏的屍體葬地佔三十畝，眞夠誇張，可能是他的墓園佔地三十畝吧？怎麼可能一具屍體佔地三十畝？

中國神話傳說的小人國也特別的小，山海經的海外南經說：「周饒國，人長三尺」，小兒才數寸，常恐被白鶴啄吃，幸得鄰國大秦國的十丈巨人爲之驅趕鳥獸。

神異經說：「西海之外，有鵠國，男女皆長七寸，皆壽三百歲，唯畏海鷗，遇輒吞之。」

七寸這麼小的人，常被海鷗吞吃，還不算小，還有更小的呢，山海經說銀山上有一種小小人類，大小如菌（磨菇），名爲菌人，日出後在樹上嬉戲的這些嬰孩，日落就從樹上沒入土中，吃了這些嬰兒，得以長生不老，吳承恩從此傳說而寫了西遊記豬八戒偷吃人蔘果。

最誇張的小人國故事，當數莊子一書，莊子的則陽篇說：「有國於蝸之左角，名曰觸氏，有國於蝸之右角，曰蠻氏，時與爭戰，伏屍數萬。」

在蝸牛的左邊觸角上建立國家，在右邊角上也可建國，兩國時常戰爭，死亡累萬，可見這些小小的人類有多麼小？簡直比細菌還小，莊子喜歡說寓言，此則故事恐怕也只是寓言吧。世上哪有麼小的人類？

13「荒誕的神話異域」

古典文學名著小說「鏡花緣」的作者李汝珍，學富五車，通曉醫術草藥之學，還知天文地理、詩書禮樂，用他的智識，寫下這本奇書，書中描寫唐敖考科舉失敗，改爲行商，與妹夫林之洋及老人多九公，乘海船至海外販貨貿易，經歷許多怪異國土。詭異離奇，遠超過英國文學名著格利弗遊記。想像之豐富，不亞於西遊記，而人情味有過之，文學價值勝於封神榜。

鏡花緣所描述的海外列國，其實也並非李汝珍杜撰。他是採用山海經、搜神記，淮南子等等古書的資料，而將故事串連，成爲動人的經歷。加上他對航海的知識，詩詞文學的造詣，匯成這一部曠世巨著文學名作，境界高於天方夜譚，可惜中國人一向只愛紅樓夢，不愛鏡花緣。

鏡花緣書中，唐敖通遊的奇異國土，除了大人國小人國，還有許多奇異的國度：

在南方海外，有國名結胸國，國人胸前有一塊凸起的骨。現代人常見有胸骨凸起的兒童，稱爲「雞胸兒」，是一種變異，結胸國可能是這一類的民族，不足爲奇。「結胸」可能是「雞胸」的轉名，此處有一種比翼鳥，雌雄兩鳥永不分離，白居易的名作長恨歌，引用而得「在天願作比翼鳥」之名句，「在地願爲連理枝」，是上句的對比。連理枝並非梁祝墳上才有，熱帶地區多的是連理枝：榕樹、雞蛋花，都是幾乎每樹連理枝，結胸國可能是南洋什麼島國。

從結胸國往東去，有交脛國，國人身材矮小，腿腳彎曲交叉，走路一拐一拐。聽來頗似日本北海道與阿留申列島的矮奴民族，他們個子矮小，走路有些拐彎，可能是歷代席地而跪坐的結果，這民族今天仍存在，過著窮苦的漁獵生涯，與北極圈的愛斯基摩族可能是同源，非常相似，交脛國可能是北海道阿留申列島一帶。

交脛國鄰近，有梟陽國，其人似野人，身高丈餘，全身是長毛，十分兇猛，活吃旅人。該國又有巨大的狒狒，身似狗，臉似人。聽來頗似是加拿大乃阿拉斯加的山野，那邊至今仍盛傳山中有「山怪」毛人與半人半猩猩。有人拍到過影像，可能是山居的穴居石器人。

再過去是岐舌國，國人舌頭分岐，語音奇特，現代也偶見生來舌頭分岐似蛇舌的孩童，是否岐舌國的遺傳？

從岐舌國往東，有豕喙國，其人嘴型像豬，莫非是豬八戒的子孫？半豬半人？西洋神話有半牛半人，半羊半人，半馬半人，卻沒半豬半人，希臘的仙陀，是上半身是偉丈夫，下半身是駿馬四腳，中國神話創造了半豬半人，頗有奇想，是否土人民族頭戴豬頭面具。

再過去是鑿齒國，其人嘴裡伸出三尺長的獠牙，十分兇惡，可能是仍未進化成人類的猿人，但是牙長三尺，莫非是戴上野豬的頭的半野豬半人身？

然後有三首國，國人有三個頭。現代人有發現天生的雙頭胎兒，屢見不鮮，大約數萬個胎兒就有一個雙頭嬰。還有長有尾巴六寸的嬰孩，二〇〇五年在印度發現一個有六寸尾巴的一歲男嬰，被村人奉拜爲猴神哈曼那再世，二十年前馬來西亞也有一個，哈曼那就是齊天大聖的藍本，被吳承恩改造爲孫悟空，印度也出現過象鼻孩童，被奉爲象神再世，英國醫史上有「象頭人」，曾被拍電影，什麼怪胎都有，卻還未有「三首人」。

哪吒三太子，是有三個頭六隻臂膀的大神，不知是否源起於山海經的三首國？

三首國的三頭人，也可能是只有一個頭而戴上兩個假頭的頭飾，原始民族大多頭戴各種動物的頭飾作爲耀武揚威恐嚇敵人。也有戴上出獵所得的敵人頭骨的。戴上兩個敵人骷頭骨，不也就成了三頭人？

三首國以東，是長臂國，其人手臂特別長，可以在岸上伸臂到海中撈魚。猴類有長臂猿，又有長臂短腿黑毛猩猩，原始人類若有長臂人，非無可能。莫非是從長臂猿進化的？

東方有黑齒國，其人牙齒漆黑，知耕種、吃稻米、喜吃蛇肉。聽來可能是愛嚼檳榔的民族，又愛吃蛇肉，莫非是廣東人或海南人或臺灣人越南人？這些人都吃檳榔也愛吃蛇肉，李汝珍筆下的黑齒國黑膚女子兩人，精通漢學，與之談文，竟難倒了中原的學究名家，可能她倆是華裔的後代吧？可能是在臺灣或越南讀的漢文吧？此兩地自古都盛行漢學，不亞於中國。

在黑齒國以北，有玄股國，其人下體屁股至腿，都是黑色，是海邊漁民，以魚爲食，可能是下體及腿部被日晒成黑色吧？

玄股國有一個部落民族，名叫雨師妾，是巫師，傳說是雨神子孫，擅於祈雨，他們全身黑色，兩手各握一條青蛇，左耳掛青蛇，右耳掛紅蛇，腳踏巨龜，山海經海外東經如是說。

中國古籍之中，有提及雨師妾之名，以之爲司雨巫師。北美洲原住民也稱雨神之名爲妾（音譯）。可能這些雨巫所在地，就是在北美的阿拉斯加與加拿大地區，山海經所說大漢國，可能是今世的加拿大，可能上古已有漢人經阿留申列島移民至加拿大，因此自稱大漢國。

雨師妾的造型，髮長而捲曲成蛇髮。兩耳都戴有蛇飾，可能是蛇乾，可能是無毒的活蛇，兩手握兩蛇，可能是無毒的巨蛇，上身赤裸，腰披羽裙或虎皮短裙，腳踏巨龜，這是巫師的威風裝飾。中國道教所供奉的北方玄天大帝又名眞武大帝，正是據蛇踏龜，長髮披肩，形似一群小蛇，可能是道士從北美洲帶回的雨師妾形象。道士自古已到海外活動，祕密結社傳法，更早於佛教僧人惠琛於晉代赴美洲弘教。也許道士因此把雨師妾發展爲北方眞武玄天大帝。北方屬水，中國的北方以北，越過西伯利亞與北極海，不就是北極圈加拿大與美國嗎？宗教與迷信都不無可能雙向交流。

當然這只是猜忖，沒有足夠的佐證可以確定眞武帝君就是雨師妾化身，他腳踏的巨龜大將軍與手握的大蛇將軍，卻不由不懷疑源起於雨師妾就是眞武帝君。

東北角上有一個跂踵國，高大的國人，用腳趾挺著走路，腳跟離地，故稱跂踵國。山海經說此處國人的腳特別大。現代人也常見到歧踵之人，走路腳跟不著地，腳尖五趾踏地。

往西去，有一個拘纓國，風很大，國人走路都用手拉著下巴的帽子纓帶，這也常見，不算怪異，其國有一株巨樹，高入雲霄，樹齡千年，莫非是神木？

再往西走，有一個博父國，又名夸父國，是古代與太陽賽跑的夸父的子孫，他們左手握青蛇，右手握黃蛇，可能是善於馴蛇的民族。國境之西有一座巨大森林，名爲鄧林，就是夸父與太陽賽跑在此倒地而死，手杖化林。

鄰國是聶耳國，國人都生就長耳垂肩，又騎著老虎，很可能印度佛像的垂肩長耳，源起於此。現代人有一個美國男子，是美國一個棒球隊教練，耳長垂肩，偶在電視上亮相。

長耳教練，頗受兒童歡迎，長耳垂肩，今世罕見。古代聚衆成國，極有可能！中國近代天才作曲家，義勇軍進行曲作者聶耳，不知是否因聶耳國而得名？抑或只是巧合？

聶耳國之北是北海，住著三個神人，其中之一是風神兼海神，名叫禺強。是人頭人臉而鳥身，另外兩個人，九鳳與疆良，都是鳥身的九臉的，嘴啣蛇，頭髮是蛇，全身繞蛇，聽來頗似北歐神話中的北極海三個蛇髮魔女，可能神話傳來傳去。

北海有一座北極山，終年冰封，有長年住在黑暗冰穴的大幽國之民，赤裸裸在被窩，又有人鞭打狗群雪橇在冰原上飛跑，捕海狗爲食，聽來像是愛斯基摩民族，住在北極圈內的生活。

然後往西去，有無腸國，人很高大，卻沒有腸子，吃東西馬上就大便拉出來，給窮人吃，窮人拉出來的給狗吃，中國鄉村的黃狗吃小主人拉出的糞，還爲之舐洗屁股眼，可能是無腸國故事的來源吧，中國文人稱螃蟹爲無腸公子，不知與無腸國有無淵源？

再過去有深目國，國人眼睛深陷，顯然像白種人那般深目吧？也許是中東民族？

然後到了柔利國，他們只有一隻手一隻腳，又到了一目國，他們只有一隻眼睛，都是獨眼巨人，只有一隻眼睛，長在前額中央，此一獨眼巨人在西方神話也常見，可能也是傳來傳去吧？古代可能早有文化交流，神話交流也大有可能。

鏡花緣說，唐敖與多九公等來到君子國，果然國人都彬彬有禮，謙禮無比，做生意不斷減價，顧客不住加價，謙讓半天。可是君子們個個頭戴浩然巾，像小窗簾遮住後腦。前面的臉是笑容可掬，笑臉近人，唐敖把他們後腦的掛巾掀起一看，嚇得落荒而逃，原來這些君子有兩個面孔，前面的臉笑臉迎人盡極謙禮，後面的臉卻是兇神惡煞般恐怖，簡直是魔鬼！

海外南經諸國，計有專吃毒蟲的蜮民國，腳下有小翼的三苗國，背上有翅膀的尖嘴鳥頭人顴頭角，口能吐火的厭火國（可能是弄瑜珈的印度人），全身赤裸的裸國（可能是非洲原始民族，胸有圓洞貫通的貫胸國（可能是機器人），又有思樂國，男女不必交配，只須互望一眼，就會成孕。又有出產九尾狐的青邱國，仙人住的姑射國，狗頭人身的犬戎國，無奇不有。

14「丈夫國與女兒國」

山海經西經說西海有丈夫島國，全國只有男人，沒有女子，這些島民大丈夫，佩劍威武，氣宇軒昂。聽來頗似是軍營基地，全是男兵，或是寺院僧團。今世希臘仍有一處小島，修道院中全是男性修士，不准女性登陸，養的貓狗禽類也只限雄性，此一觀光景點，不常開放。佛教很多寺廟，也都是丈夫國，古的丈夫國比比皆是不足爲奇。

女兒國也是中外古今都有，南美洲阿瑪桑大河的原始森林，自古以來都有女兒國。希臘神話有著名的女兒國的驃悍女戰士，持刀劍射弓箭，衝鋒陷陣，稱之爲阿瑪桑女勇士，國主是女子，臣下都是女子，國內無男子。大概是上古時代母系社會的流傳，神話中帶領男勇士划船去取金羊毛的傑森與赫克力士，在航程中漂到女兒國，成爲俘虜，女兒國的女王與女勇士、與他們交歡之後，用毒酒將他們麻醉，用魔法把他們變爲豬羊，只有傑森與尤利斯兩人沒喝酒而逃過一劫，解救同伴。

西遊記著名的一段故事，是唐僧與孫悟空沙僧及豬八戒，西行取經，經過女兒國，全城女子都跑出來歡迎他們，婦女們笑顏逐開，大叫：「人種來了！」，拉住師徒四人就要招親，連醜陋的豬八戒也被她們看上。女兒國王下令招親唐僧爲夫君，唐僧嚇得六神無主，豬八戒則無比開心，大吃大喝要做新郎，後來全靠孫悟空用神通救他們逃走。

鏡花緣書中的女兒國又是另一番風光，唐敖、多九公、林之洋，航海販貨，來到女兒國，居民全是婦女，並無男子；女官把他們帶進皇宮看貨，國王看見林之洋長得漂亮又白皙，就要娶他爲妃子，林之洋苦辭不脫，被那些大腳婆娘強迫他換女裝，又爲他纏足，使他足部骨折！痛得死去活來。作者李汝珍借此故事反映中國女子被纏足的痛苦和做奴妾婢的辛酸，他的文學使命，實非西遊記所能企及。

林之洋在女兒國的遭遇，道盡中國婦女的痛苦；一個大男子漢，竟被暴力纏足，束腰，穿女裝，強迫扭揑作態，侍候專制女王，成爲男妾，是可悲，是可笑。

明朝末年，朝政腐敗，苛政爲害，民不聊生，天下群雄四起，其中的一員勇將，是貴州一個土司的太太秦良玉；丈夫戰死，她代領衆軍及苗族，抵抗流寇張獻忠李自成，流寇竟不得逞，她保住了貴州。她以女將升帳遣兵，叱吒風雲，兩邊侍立壯男十多人，稱爲

「男妾」，索性公開以壯男爲妾，比唐朝武則天有過之無不及，她的女營大軍，不亞於阿瑪森女兵。

近代著名的女兒國，在斯里蘭卡島，人數不多，也不用武，只是停留在古時的母系社會。巴西阿瑪森林的女兒國也仍存在，傳說她們俘擄外來的男子，強迫交合，懷孕之後把男子殺掉，生下孩子只留女的，把男的殺掉，傳說如此形成女兒國，但佐證不足，科學家另有解釋，認爲她們的生殖遺傳缺少成男子的染色體，所以生育很少男孩，此說亦難以自圓。

西遊記的女兒國，最令豬八戒開心一段就是另一個女兒國，那就是盤絲洞的蜘蛛精女妖們，豬八戒調戲裸泳的蜘蛛精，甘心冒險做烤豬，但求歡娛一霄，黑蜘蛛在交配後是把老公吃掉的，豬八戒可能不在乎。人間女兒國會不會吃掉老公呢？值得研究爲什麼女兒國全無男子。莫非男子全被吃掉了？

唐玄奘所撰「大唐西域記」說：在大雪山中有東女國，世以女爲王，東接吐蕃（唐書亦有載）。

15 「美人魚」

古代神話人物很多均是人頭蛇身，黃帝，伏羲，女媧，共工……等等，都是人頭而蛇身，推想可能是畏蛇或是以蛇爲神的原始民族，身上披掛蛇皮或是繪成蛇紋，刺青蛇形，以示其超凡威猛，使臣民敬畏而恐嚇敵人，大概紋身蛇形的可能性較高。現代紋身刺花爲龍形，並不鮮見，在電視介紹的國際紋身比賽大會，就有不少全身紋身龍形龍鱗的人，水滸傳就有著名的九紋龍史進，全身紋刺九條龍。

所謂人頭蛇身或龍身，可作如此解讀，不必固執拘泥。

古人除了人頭蛇身，還有人頭魚身，頭是人面孔，身是大魚，山海經海外西經說：「有互人之國，人面魚身」，此種人魚，稱爲陵魚，人頭，上身兩臂，下身爲魚，有魚尾巴，其啼聲如嬰孩，常於風浪將至之時浮出海面，其中多有長髮美婦，如此看來，頗似西方神話中傳說的美人魚，希臘神話說美人魚成群在海中巨石上坐著唱歌，迷惑航海水手，使之昏迷而死。

今世不時發現海中確有肖似婦人的人魚，美國南方的密士失必河就有海牛，在水衣兩臂抱著小海牛哺乳，很像人類的婦女，可能就是因此被訛傳爲美人魚，這是受法律保護的稀有動物，美國人利用牠們來吃掉阻塞航路的水草紫水蓮（臺灣農家飼鴨子的）。二〇〇四年日本漁人也網獲一隻形似婦人的海魚，有乳房，有短拙兩臂，頭部異似人面，有鯨魚般的尾巴，一些見解認爲是鯨屬或海豚，後來放生。

海洋存在的生物，千奇百怪，南非海洋至今仍存在史前的天鰭巨魚，四川出土的化石魚類，也有六鰭的魚，和形似劍龍的史前魚，加拿大阿拔他省史前化石動物很多，也有奇形怪狀的史前魚，半似魚，半似爬蟲類。也就是略爲似肖人魚了。不過，還沒見到過很似電影飾演的美人魚。

其實比較上最像人形的，是娃娃魚，牠們的叫聲極像嬰孩，故此被命名娃娃魚，在長江流域，特別是在江蘇，出產很多，早年受到法令保護，不准捕殺，現已開禁，已成餐館美味珍饈，臺灣南部也有此種娃娃魚，體型才兩寸，有四隻腿腳，有尾巴，頭部是似人頭俯首，或者更似蜥蜴，拿這種罕見動物做美食，眞是太可惜。

現代的美人魚一詞，已成爲善泳的女運動員的代名。全世界最著名的美人魚，當推才貌雙全出類拔萃的，名電影「出水芙蓉」的女主角愛斯德威廉斯，這部一九四一年的電影與繼後的十多部游泳電影，使她成爲世界泳后，前無古人，後無來者，這位美豔絕倫的奧運泳后，佩稱美人魚，她的電影至今仍能放映不衰。現在電影早已不拍那樣的游泳電影了，她那些健康的電影，只好說是絕唱吧。

中國最出名的美人魚，當推冒險偷渡日軍封鎖夜泳蘇州河，送呈國旗到四行倉庫給八百壯士的那位十五歲的女童軍楊惠敏小姐，她的勇敢愛國，感動了全世界，永垂不朽。

法國作曲家狄師西所作的印象派音樂「美人魚之歌」，神祕清脆絕俗，有世外仙感。

16「王母娘娘」

唐代大詩人李商隱，以其所作無題情詩著名，有一首「瑤池」詩云：「瑤池阿母綺窗開，黃竹歌聲動地哀，八駿日行三萬里，穆王何事不重來？」

穆天子傳：「乙丑，穆天子觴王母於瑤池之上。」

穆天子是周朝西周的皇帝周穆王，算是一個賢君，傳說天下太平無事，穆王素慕西方瑤池王母娘娘之美艷，慕名往訪，他乘坐由八匹神馬拖行的馬車，一天可跑三千里路的，來到崑崙山的瑤池皇宮，會見了王母娘娘，兩相情悅，一同飲酒，相愛歡聚，後來穆王不得返周京去處理朝政，依依不捨，相期後會。但從此一別，再無重聚。詩人依此傳說寫下名句，充份表遠相思之苦。

穆王的八匹駿馬，居然一天可跑三千里，比現代的跑車有過之，可能那並不是馬，只是以馬爲名的超級越野跑車，從鎬京到崑崙山，一天就到了。

穆王爲何要去找王母？顯然是王母的美艷名氣甚大，使六宮美女爲之失色，穆王好色，爲之傾倒，第二原因，可能是元首邦交，拉攏西域。第三是前往取玉石寶物，因此駕駛飛快的超級跑車前往瑤池，也是爲取不死之藥吧！

穆王受到王母娘娘熱情款待，互相深愛，依依不捨，倘若王母娘娘不是絕世美人，而是山海經描寫的：「王母，豹尾虎齒，蓬髮可怖渡神」，哪一個男人會愛上她？穆王怎麼爲之跋涉萬里，千山萬水去相愛？難道他會愛上這個其醜無比的女巫嗎？

穆天子傳沒說穆王拿到王母的不死仙丹，顯然穆王志不在不死藥而只是愛慕王母的美色。別的書上說是射日的后羿曾經拿到王母的不死藥，後來卻被嫦娥竊取而奔月。看來王母娘娘在先前曾與軍人的后羿有一腿呢！穆王是晚輩愛人了。

黃竹歌聲，可能是苗族的笙樂，也可能是曲譜之名，苗族的笙管音樂是很淒美的，動地哀顯然是大規模笙管樂團合奏。王母娘娘可能是崑崙山一帶的苗族的母系社會族長，那邊多美女俊男，王母必然是一個美女。

17「莊子乘大鵬鳥遊太空」

希臘雅典有一座圓柱形古塔，頂上環仰大理石雕像人頭與天使。紀念古代數學家阿基米德，他是現代三角幾何的發明人，也發明了其他很多儀器，例如六分儀，對於航海學有甚大貢獻，古塔內各層陳列介紹他的發明。

塔內陳列品之中，有一座大小如圓桌而構造似鐘錶的交錯齒輪的銅製機器，外圍有幾重環圈，經英國科學家研究，原來這是阿基米德在公元兩千年前發明的太陽儀，詳細地列出太陽系各行星環繞太陽的軌道，其精確率令人驚訝，而古銅質料也並未完全變色。（電視紀錄並未介紹確實年代）

古塔博物館還有一寶，就是阿基米德發明的超級水晶放大鏡手繪藍圖，據說曾使用此一放大鏡，聚集陽光於焦點，反射來攻雅典的腓尼基人艦隊，將它們焚燒，以此擊敗敵軍。

阿基米德在數千年前已經製造了精確的太陽儀，時代比他落後了數千年，中國古代也有先進的科學發明人才，春秋的時代的莊子說他乘大鵬鳥遨遊太空，這個大鵬鳥，可能是飛機，不可能是大鵰或老鷹，莊子又說一直向北走，最後就會回到原地，可見他知道地球是圓的，直上北極，一直走，繞了一個圈，當然回到原地。

西漢朝的科學家張衡發明了渾天儀，相當準確標示了太空的星座，這是一座可以活動的圓形多重環軌的機器，其倣製品可以在北京的博物館看到！

中外自古已有先見先進的科學，可是現代美國也還有「天圓地方」學會與教會，認爲地球是四方形扁平的。在此太空核子科學時代，亦有穴居石器人，古人未必全都是未開化的笨瓜，今人也未必全是科學先進。

鏡花緣說海外有一個飛車國，其國的公主陰若花乘飛車來到中國留學又參加武則天女帝招考的女試，得了第一名，後來因國主父王病重，陰若花乘坐專派的飛車離去，回國繼位。同寅各才女含淚相送，只見飛車機輪響動如雷，升空而去，這飛車並非李汝珍杜撰，早在山海經及搜神記淮南子等等怪異錄就有提及有飛車國。聽來這飛車可能是直升飛機，或是直升的噴射飛機。

莊子乘坐的也可能是太空穿梭機遨遊太空，或許數千年前中國人早就有太空船。

18「夏啓乘龍訪天帝」

神話中的黃帝軒轅氏乘龍升天，其實乘龍的君主不少，在黃帝之後，治水有功登帝位的夏禹也曾乘龍，四川巫山三峽，有一景點，名爲錯開峽斬龍台，傳說是大禹在此斬殺一條龍，因爲牠走錯了航道，阻塞了三峽水道，可能這條笨龍是一條汽船，供給大禹開濬河道的濬河船，拋錨在河峽之中，阻塞了河道，大禹把它炸毀了，訛傳爲斬龍。

大禹的皇位是舜帝禪讓給他的，可是大禹後來把帝位傳給兒子啓，開創父子世襲的封建制度，終結了古代的民主選舉制度。據夏禹說，找不到比兒子更佳的賢人，這個繼位的皇帝夏啓，比乃父派頭大，出入要乘坐兩條龍，有三層雲氣擁著，曾經三次乘龍飛上天上拜訪天帝，把天上的音樂「九歌」樂譜帶回，用大型交響樂團演奏於大穆之野。

很可能夏啓是三次乘坐太空穿梭機到了太空某處星球，受到該處天帝的招待，帶回九歌，予以再創作爲中國古代交響曲，比西方早了六七千年，也許是一萬年，兩條龍是兩條太空船，一條他乘坐，另一是隨從人員坐。

夏商乘龍駕雲，那雲煙就是太空船噴出的煙，是從機身兩旁引擎噴出的，看來就似是乘雲駕霧。

屈原的楚辭提到過九歌，可惜九歌已經失傳，今人無福聆聽，想來可能是場面偉大的交響曲，九歌之舞，名爲九韶，可能是大型舞劇。

神話說舜帝酬謝夏禹治水大功，送他兩條龍。禹就令專人照管兩龍，夏啓乘坐的不知是否此兩條龍？龍是否兩條太空飛船，把夏啓載到外星太空去見天帝？

到了夏啓的曾孫孔甲爲帝之時，仍有龍官掌門管龍。仙人赤松子和寧封子，都能在火煙中上升飛天，可能是乘坐太空火箭升天吧？當時同時有十多堆火焰噴射火煙上升，可能是同時發射十多架太空船吧？孔甲後來殺了龍師也被殺死，帝位繼承人夏桀是有名的暴君。

19「夏桀的瑤台」

孔甲傳帝位給兒子夏桀。

夏桀是夏氏王朝的末代皇帝，是著名的殘暴酷虐之君，他荒淫無道，搜刮民脂民膏，大興土木，建造豪華宮殿多處，其中最有名的是瑤台與長夜宮，他日夜在豪華宮殿飲酒淫樂，狎玩男女數以百計，建酒池肉林，享受奢侈，據列女傳妺喜篇說，縱慾狂飲者三千人之多，以討好愛妃妺喜，不理國政，賢臣伊尹逃走，諫臣關龍逢被誅。

又說：冷面妃子妺喜愛聽裂繒之聲，王令宮人為之撕裂大批綢緞，妺喜乃笑。夏桀裂繒求妺喜一笑，是著名的昏君故事。夏桀的酒池肉林，荒淫無道，濫殺忠良，終於引起諸侯革命，其中最大勢力為成湯，殷王拜相伊尹，滅亡了夏朝，殺了夏桀，建國為商代。這時進入青銅時代，神話較少，史料較多，漸漸走上較為可信的古代信史時代。

夏桀所建的瑤台別宮。唐代大詩人李白在他的歌頌楊貴妃美貌的「清平調」中有詩句：「若非群玉山頭見，會向瑤台月下逢。」可能是指的夏桀所建的瑤台；李白竟會寫那樣的「拍馬詩！」，可能是不得已吧！

夏。

20「天火焚城，成湯滅夏桀」

夏桀無道，荒淫暴戾，奢侈殘忍，民不聊生，諸侯紛起聲討，共推成湯爲主，出兵伐夏。

先是，夏桀曾俘囚成湯，囚於夏台監獄，湯臣賄賂夏桀，得以釋放。夏桀領軍侵攻岷山及四川，俘得美女兩人爲新寵，冷落妃子妺喜。伊尹原是夏桀的宮中御廚，逃奔成湯，獲得重用，成爲成湯的相國兼任統帥。伊尹趁妺喜失寵，予以厚賄，使之成爲間諜，獲取夏桀軍情。

成湯的祖先，傳說是有娀氏的女兒簡狄吞下燕卵而生下的兒子，後裔傳到大禹治水有功，舜帝封他於陝西的商國，是爲商國之始，後來又稱殷國，遷都數次，最後定都河南殷都（今偃所），以殷爲姓及國號，史稱殷商。

夏桀魚肉人民，殷國湯王有愛民之德，天下景從，攻打夏桀之戰，傳說火神幫助成湯，發火焚燒夏京，夏軍大敗，殷兵佔了京城，豈佈取代暴君夏桀，立國號爲殷。神話稱是火德星君祝融氏放火滅夏，眞相可能是湯王用火攻焚城。並非天降雷火，傳說的天降雷火，聽來像是聖經舊約的天火焚罪城故事。很可能成湯假託天上火神相助，實際上暗中派兵放火再明白向城內射放火箭及噴射火焰，所謂神助，實乃人力。火焰噴射筒，自古已有之，並非到了二次大戰美軍才發明。

夏桀帶著妃子，倉皇逃走，逃到安徽的巢湖，被殺死湖中，夏祀遂絕。妹喜也被殺死了。

成湯取得天下，天下大旱七年，民不聊生。史官占卜曰：「須以人為犧牲，拜祭雨神河神」。於是官民以童子活祭。成湯聞之，下令禁止。願以己身代民祭神求雨。

成湯素衣赴壇，巫師頌咒，焚燒柴木，大火即將焚燒成湯，天神忽降滂沱大雨，大火息滅，旱象全消，萬民歡呼。這是成湯以德感動天神的奇蹟，帝王世紀集等書籍，均有載此事。

中國與台灣農村，都知道焚燒草木，發出濃煙上升，在空中結聚成雲，漸漸變為烏雲雨雲，大雨隨之下降，並不需要唸什麼咒，成湯求雨，可能如是。

21 「九尾妖狐・妲己・殷家悲歌」

殷朝是從青銅時代進入鐵器時代，考古出土的殷代文物很多青銅器皿與早期鐵器，足見殷代文明高等。超過夏朝，殷朝甲骨文出土也不少，簡史紀錄已有證據。

殷朝開國者成湯是個有道賢君，但是他的子孫很不肖，傳了十多代，傳到紂王，就是比夏桀更可怖可恨的暴君，更荒淫，更無道殘暴，更奢侈揮霍，更兇殘，更虐民。

紂王自稱「天王」，在京城朝歌，建了一座鹿台，高有千尺，周圍三里，俯望雲雨。又建宮殿，用美玉黃金爲飾，容納數百美女俊男，裸裎徵逐，狂歡盡醉於酒池肉林。

傳說紂王特別寵愛下屬蘇護的女兒妲己，傳說妲己長得特別美艷妖媚，善於迷惑紂王，被人視爲神話中海外東經的九尾妖狐化身，神話中的九尾妖狐能化爲美女惑人致死，妲己可能是體態十分性感，所穿的拖地長裙，有九種顏色或竟是狐尾九條裝飾，以顯婀娜多姿的舞姿。

群臣紛紛進諫，勸紂王改過向善，不可再荒淫無道不理國政。妲己教唆紂王叫人設造一對樹幹般銅柱，用烈火燒燙，凡有進諫者，將之縛住抱著銅柱，稱爲「炮烙」之刑，當場活烤忠臣，紂王與妲己以之爲樂而歡笑，欣賞受刑的慘狀。

宮外窮人老者在雪中涉水而行，似不畏寒，實則太窮無奈，妲己叫紂王派人將老人雙腿砍下，取其骨髓，以之進補。

方當妲己亂政之時，紂王曾將族叔諫臣比干挖取心肝下酒。另一諫臣箕子連夜率領家族及族人出走，流亡高麗，後來成爲朝鮮民族之一環。朝鮮至今服飾衣帽，仍保留殷朝特色。

周武王伐紂，殺死紂王與妲己，古書說周武王是仁義之師，但是戰爭無論仁義與否，總難免殺戮屠城，難民大批逃亡。不少逃到朝鮮，也有逃到日本的，更有乘船逃往海外的。史上初次有大規模多波段的逃亡海外，到達南太平洋的島嶼，更有到達南美洲祕魯智利一帶的，很多被土人所殺，也有不少融合在各處，成爲原住民。南美洲印加民族的風俗與服飾就很像殷民族，面貌像西藏人。是否藏人移民到殷朝，又從中國流亡至南美洲？「印加」其實是「殷家」的同音字，並非亂拉關係，只看印加人的高帽子白衣長掛，就難免聯想到可能是藏人殷人了。

南美洲祕魯的印加民族的雙管泥笛，極似中國出土的殷家泥笛，印加就是「殷家」。其樂曲悲哀淒美，令人下淚，很可能就是幾千年前，殷家民族被周武王大軍屠殺而逃難，逃到南太平洋，又再逃到南美洲，帶來了殷家文化，也由於是個悲劇的亡國民族，音樂歌曲就特別悲哀，極富中國古曲色彩。舉例說，著名的「麻雀之歌」，多麼淒美；有人認爲它源起中國古代歌曲「何滿子」，唐詩人張祐的詩句：「故國三千里，深宮二十年，一聲何滿子，雙淚落君前！」。祕魯的民歌「小麻雀」之歌，泥笛一吹，遊子驟聞，無不落淚！它太像中國古曲了！

殷家與印加，可能是同一家吧？爲何亡國之痛，喪家之痛，如此摧心！歌聲如此悲哀淒涼！

22「褒姒舉烽火戲諸侯」

夏商周三個朝代著名的妖妃三個：妹喜、妲己、褒姒，都被後世評爲禍國殃民的妖姬，妹喜害得夏桀亡國，妲己弄垮了紂王，褒姒禍亡了周幽王。

到底夏商周三個朝代，是否全因昏君寵愛妖姬而滅亡？倘若皇帝有道，又怎能被妖姬所迷惑以致敗亡？應該負責的是這些極權無道君主，他們的殘酷暴政才是主要亡因。

三個妖姬之中，比較無辜的是褒姒。她出身是個貧苦的孤女，是被一對奴隸夫妻拾來養大的棄嬰，作爲奴隸，身世悲苦淒涼，後來主家褒氏因犯法被執，奴隸也被沒收入宮，這個女奴貌美，被周幽王看中，收爲宮婢，晉升爲妃子。

這個身世可憐的妃子，終日鬱鬱，從無笑容，只有看到宮女撕破紙扇子，她才輕輕一笑。幽王就令宮女天天撕掉好幾百扇子來討好她，但是不久她又倦了撕扇，什麼新花樣也逗不了她展顏一笑。

某日，褒姒不歡笑，幽王千方百計，難獲她一展顏，褒姒就說要看烽火召令天下諸侯來一見以解愁悶。

古時，每隔若干里路，就有一座山頂的烽火台，若有軍事情況或緊急情況，烽火台就紛紛燃起烽火，傳播消息，一站傳下一站，很快就能傳千里，這是當時最佳的通訊方法。（北美洲原住民也有類似的燒烟火傳信息。）平時不敢妄用的，只有危急才使用。

妖姬撒嬌之下，幽王下令發出烽火，聲稱京城有危，令諸侯即刻馳援，各地烽火傳訊，諸侯連忙緊急趕到京城朝拜皇帝救駕，哪知王與妃子安然無恙，並無危險，褒姒見到諸侯就哈哈大笑，幽王說並無外敵入侵，只是久未見面，想念諸卿，烽火相召一會而已。

這是有名的「烽火戲諸侯」，有些像「狼來了」的故事，從此諸侯人心全失，紛紛叛離，後來敵軍來攻京城，諸侯無一來救援，西周遂亡。封神榜一書，敘述最詳。

周幽王的妻舅申侯，忿恨幽王因寵愛褒姒而廢黜了申皇后；因此起兵，聯合犬戎，西夷等民族，推翻幽王，烽火召不來救兵，幽王出逃，在潼關驪山被殺，褒姒被犬戎俘虜，押往西域，不知所終。

周幽王的兒子，被申侯擁立爲周平王，把國都鎬京東遷至洛陽，是爲東周的開始，也是春秋時代的來臨，可以說是褒姒烽火戲諸侯的結果。春秋時代，學術自由，諸子百家齊放，是中國中古的文明黃金時代。孔子、孟子、墨子、莊子、荀子……等等聖哲輩出，思想影響後世至大，也可說是褒姒烽火戲諸侯的意外收獲吧。如此看看，她就不算是什麼罪大惡極的妖姬。春秋時代，民智漸開，神話就越來越少了。

23 「越女劍·干將莫邪」

現代的中國電影與電視連續劇，劍俠騰空而起，飛在空中鬥劍，劍光閃電，攝影特技嘆爲觀止，可惜武俠片，故事老套，總是很多個武藝高強又貌美如花的女俠，追求一個武藝高強的帥哥，多角戀情，肉麻兮兮。古代女子竟會那麼厚臉皮主動追男生，比現代豪放女更豪放，匪夷所思！也看得生厭，千篇一律，難怪武俠片走下坡，觀衆銳減。

刀劍是古代兵器之王，自古已有不少刀劍傳說神話，最早的紀載，當推「越女劍」。

傳說越王勾踐出師伐吳，山路途次，忽然竄出一個女子，向軍衆炫耀劍術，衆軍與之鬥劍而不勝，女子稱以此劍術傳授必可獲勝，授畢，她就飛身登上樹頂，化爲老猿而消失，越軍得其劍術，殺敗吳兵，誅殺吳王夫差，越王勾踐得以復國。

此一神話有數種版本，共同點是越女化作老猿而消失，從此稱越女劍法。到底有多高妙，不得而知，中國劍術能否抵擋日本劍道?中國劍術，眞傳必有奇妙，但若以影片中的劍舞而言，恐怕是花招爲多，難以抵擋沉厚有力的日本劍道；或者越女劍是近似日本劍道的劍術，不輕出招，出擊必中要害，三數重招，即決勝負，不像影片中的劍術，旋轉飛舞了半天，徒得美觀而已，不過，也總比西洋劍強些，西洋劍以刺插爲主，是很美觀的劍舞。

越女劍出現之後的神話，是莫干山的鑄劍師夫婦，傳說他倆是天下第一的鑄劍師，所鑄的劍鋒利堅硬無比，有一個皇帝，似乎是夫差，重金請他們鑄兩柄寶劍。

傳說夫婦二人干將與莫邪盡力鑄劍，都得不到滿意成品，後來夫妻投身爐中與鑄劍相合，才造成了天下第一最利害的龍泉寶劍一雙，一雌一雄，後人稱之爲干將劍與莫邪劍。

干將莫邪兩劍，據傳能發龍吟之聲，能躍上空中化爲蛟龍，爲歷代帝王必求的寶劍。

鏡花緣書中的女劍俠顏紫綃，持用龍泉寶劍，在樓上向窗外一跳，劍身發出紅光一團就向空中飛行，竟能乘劍光飛到了小蓬萊仙島（不知是否台灣）。「七劍十三俠」一書的劍俠各放飛劍，在杭州上空鬥劍，七彩劍光交舞。

已故劍俠小說名家還珠樓主創作的劍仙，例如蜀山劍俠傳，青城十九俠，北海屠龍記等等，其人物乘劍光飛行萬里，還精於道術神通，變幻無窮，在半空中鬥劍鬥法，彩電閃閃，光幢重重，奇景絢爛，作者想像力之豐富與獨特，令人嘆爲觀止，其範圍也遠超任何武俠小說作品，劍術神話，登峰造極。缺點是文字太冗長，一段鬥劍，往往寫上萬字，節奏太慢。

改篇拍成電影的蜀山劍俠傳，節奏明快，不過恐怕又太快了，畫面飛閃。兩位美麗女星，被化裝得太神化，不像仙女，倒像女鬼，糟場了兩個優秀演員。

美國電影「星際大戰」的鬥劍，劍身發光，並不諱言是從中國劍俠片得來的靈感，連招數也不似西洋劍而似中國電影劍「舞」。

日本片「宮本武藏」中，三船敏郎飾演的武藏，與佐佐木小次郎在海灘上日出前鬥劍決戰，數招沉重有力而決勝負，武藏額上被砍傷，小次郎得勝微笑之後倒地而死，原來已中了劍。這一場劍戲，令人難忘；一般中國片的鬥劍，舞多於鬥，做秀爲多，小孩最宜觀看，越女劍不會如是。

24「封神榜演義的神仙」

古籍「山海經」「淮南子」「神仙傳」等等只有片段的不完整的神話，「封神演義」算是第一部長篇較爲完整的神話小說。

封神榜的作者，傳說是北京道士邱長春大師。老道飽讀詩書古籍，寫下此本神話名著，故事簡單：周武王興兵伐紂，請了姜子牙做軍師，姜子牙一生不得志，隱居渭水釣魚過活，八十歲才遇到周文王請他出山佐政，武王伐紂，請他指揮大軍，姜太公找了很多神仙來相助，用千變萬化的神通，打敗了紂王的邪魔妖仙。

滅紂之後，姜太公論功行賞，所有生死將士，都獲得他封爲神祇，死者一靈逢赴封神台，殆如後世的凌烟閣與忠烈祠，俗語說：姜太公封神滿天下，卻忘了封自己，又說，姜太公釣魚，願者上鈎。

封神故事，荒誕之至，也不及一千零一夜的故事曲折動人，但是先抬出來很多神仙妖魔，形形色色，道教神仙爲主，佛教佛菩薩爲副，滿天神佛，常常佛道不分。例如，佛經中有燃燈古佛，釋迦曾詣所問法。在封神演義，燃燈變成「燃燈道人」，釋迦變成「如來佛」。（後來的西遊記也稱爲如來）

佛經略一提及的哪吒行者，被封神榜改爲哪叱三太子，說他是陳塘關總兵李靖的三子，李靖是手托寶塔的「托塔天王」，在佛經中的托塔天王另有其人，不是李靖。佛經的托塔天王是四大天王之一，一手托捧舍利塔，封神榜的李靖託的是中國式飛檐寶塔。

封神說哪吒先用神罩燒死女仙石磯娘娘，之後，封神說哪吒三太子從小頑皮，天生神通廣大，到東海游水，把東海龍王的太子打死還抽取龍筋做腰帶，龍王怒發海嘯巨浪淹沒錢塘，李靖怒懲哪吒，這三太子傷心之餘而自殺，自己用刀削骨還父，削肉還母，幸得觀音大士把他的魂收在荷花之中，以荷花爲骨肉而再生，從此脫離父母，李靖只剩下長子金吒，次子木吒隨侍。

李靖父子後來都成爲姜太公的助戰封神，三太子十分勇邁，腳踏風火輪，手執烈火鋼圈，不死之身，貌如童子，身如五歲小孩。後來在西遊記中也與齊天大聖大戰一場，不分勝負，又請出乃父抛下寶塔打了猴頭，加上太上老君的圈圈，才把猴王抓住押往天庭。三太子威名遠播，至今仍爲民間信奉，到處建有三太子廟，香火甚旺，信徒求財求子，絡繹不絕。台灣南部左營蓮池潭有一座三太子廟，神像比房子高，跨立在廟頂半空中，據說十分威靈。

三太子哪吒故事，反映出古代君父太嚴格專制，兒子被迫反抗而削骨還父削肉還母，這可能是世界最早的兒子叛逆故事。這當然是封神杜撰的，或是採自民間神話，佛經無載。哪吒反叛，是全違反了中國自古以來的倫理孝道，比後來「紅樓夢」的賈寶玉頑劣得多。邱長春是明初人，竟會創作哪吒這樣的逆子典型，很奇怪！

封神說忠臣楊任向紂王勸諫勿再溺愛妲己無道屠殺無辜，狐狸精妲己叫紂王命人把楊任兩眼挖掉，變成無目瞎子，後來觀音大士爲之醫治，在眼眶內放下仙丹，長出兩隻小手，手心各有一目，是神眼，可以上觀天上，下觀人間千里與地獄，成爲姜子牙的觀測專家。

佛經故事的準提佛母，被封神改爲準提道人。孔雀大明王，被封神改爲孔雀道仙，佛經的大鵬鳥，被封神改爲大鵬大王。其他佛經故事角色，很多被封神採用。山海經神仙傳等書的神仙，也投軍做了姜子牙的助手去攻打紂王，封神可說是集神仙之大成。

25 「太上老君」

春秋時代，南方楚國有一位小官員令尹，名叫李耳，學問很高，孔夫子也曾屈節向之問道，可見其名望之高。此位李耳，不屑爲官，用他的哲學見識，寫了五千字的「道德經」，開頭兩句：「道有道，非常道」就足以難倒多少學人，更別說通解全經，李耳不像屈原那麼笨，他不去自殺來抗議朝政腐敗，他騎著青牛，走出函谷關，向西方去了，只留給世人五千字的道德經這本謎般難解的經文，傳說是他留給函谷關守尹而傳下來的，他自己出關不知所終。

李耳被後世尊稱爲老子，道教奉爲創教師太上老君，其實他並未創立道教，只是道教歷張天師以來都尊奉他是道教始祖太上老君。是兜率天之主，是三請之首：太上老君，元始天尊，與玉皇大帝。

太上老君也現身於封神演義，是法力最高強的神仙之一，與準提道人，觀音大士等等大仙相埒，成爲解救急難的王牌之一，現世道士作法寫符咒，必有一句：「吾奉太上老君之命，急急如勅令。」黃符硃字一燒，妖魔辟易！

太上老君最出風頭的舞台，卻不是封神演義，而是西遊記，美猴王一開頭自稱齊天大聖造反之時，玉帝派天兵天將下凡圍剿無功，又派哪吒三太子踏風火輪來戰猴王，亦不能勝，三太子借用太上老君的鋼環，拋去打中猴頭，才把猴子打倒，三太子與二郎神合力縛了美猴王，押上天庭，玉帝親審。太白金星老仙建議招安，玉帝封孫猴子爲管馬匹的小官弼馬溫，猴子被封，沾沾自喜，殊不知只是個馬夫，領班，猴子去王母娘娘果園偷吃蟠桃飲仙酒，鬧得群仙失色。

孫猴子後來又溜進太上老君府，偷吃光仙丹，被老君關在八卦爐中火煉，沒煉死，反而煉成金睛火眼，神通更大了。連老君也莫可奈何。

眞實的人物李耳，騎青牛出關西行，去了何處？無人知曉。青牛是否水牛？絕不是青色的黃牛，水牛怎能行走西北絲綢之路的沙地！也許李耳與青牛都死在大漠之中了。由於神祕消失而成爲民間傳說的仙去神話。

道家有「老子化胡」傳說，他們相信老子到了西方各地，把道法傳給佛陀釋迦牟尼，因此佛家的空觀，是從道家的虛無觀念而發揚的，佛教卻不承認老子化胡，兩方爭論不休。

26「莊周夢蝶與大劈棺」

春秋時代的哲學家莊周，也是思想家，科學家，他原與道家無涉，後世都把他與老子並列，稱為老莊之學，可能因為老與莊的觀念有近似。

莊周所著莊子一書，頗為深奧，不易解讀，大費猜測。可能也因此而被尊敬為哲聖之一。他與老子李耳兩人的奇特思想，不似孔子那麼通俗實用，但比孔子較為吸引知識分子。

莊子的哲學，自有專家研評。他的言行，比他的哲學更為人知，舉例說，他在莊子一書中說，若有兩人，一向南行，另一向北走，終會相遇。這是前所未聞的觀念，他又說一人向北方前進，終會變成由極北向南走，最後回到原地，莊子顯然知道地球是圓的；也知北極與南極，足見他的科學知識超越時代三四千年。

莊子又提及乘座大鵬鳥飛上太空，瞬息萬里，但見鴻濛混沌。顯然他所乘的若非大鵬，就是太空穿梭飛船，大鵬雖巨大，都不足以載人，一飛沖天瞬息萬里，應該是太空穿梭機，像神舟六號的火箭太空船。也許在春秋的時代，一些國家仍在中古文明，另一些民族可能仍在石器或銅器時代，但有些國家或民族已經是太空時代。今天二十一世紀，西方科學先進，中國也自造了神舟太空船試飛來回成功，也早就裝了核子彈，可是南太平洋一些小島也還有石器時代的穴居人，把失事掉下來的飛機當作神仙而予以膜拜。誰知道莊子是否到過什麼先進國家乘坐過太空船。倘若只是他的幻想，那也就足見他的思想超越時代好幾千年了，宇宙太空是一團混沌鴻濛，卻不是人人可以想像的。莊子一書有數處提及宇宙。屈原的離騷也提出關於宇宙的「天高」，今人來看，他們的思想都很不可思議；可惜文字太古老費解，莊子說「夢爲蝴蝶」，光這一段就很難了解，是一個謎。

莊子最出名的，倒不是他的學問，而是有關他的神話。京劇有一齣名劇「莊子試妻」，說莊子專心研究學問，冷落了太太，莊子問她：「假如我死了，妳會不會改嫁？」莊太太指天地發誓：「絕不改嫁，必定守寡到死方休。」

莊子突然就生病快死，臨死對太太說：「我死後你若要改嫁也可以，不過要等我的墳土乾了才可以改嫁。」說完就死了。

莊妻慟哭一頓，叫人把莊子屍體入殮埋葬了，然後她就在墳頭使力搧扇子。這一段京戲叫做「莊妻搧墳」。向來都由花旦演出，不是青衣戲，前輩的四大名旦之一尙小雲，男扮女裝，據說最擅這一段戲，以風騷狡黠出名，凡是學尚派的也必修此劇，不過京戲的風流戲，已經趕不上現代中外電影的露骨肉麻了。說回頭，莊子其實未死，他變成一個漂亮美男，前來試探老婆，那婦人說要等搧乾了土才可以改嫁，假帥哥就拿出魔扇來，助她搧墳，又提議不如用斧頭劈開棺材，把莊子屍身砍碎丟掉，莊妻急色要嫁小伙子，就揮斧劈棺，劈開一看，棺內空空，並無屍體，莊子這才變回原形，叫老婆看他是誰，京戲常演「大劈棺」，這是王老五愛看的風流戲，從前的兵哥愛看也會怪叫，今人看來，那已是老古董了。

莊子的試妻故事，家喻戶曉，一提莊子，都會想到「搧墳」與「大劈棺」，卻很少人知道莊子的學問，莊子從學者變成了神通大師。其實，莊子有鼓盆之痛，太太老早死了，他不悲痛，反而敲打盆子來慶祝「解脫」，今人仍其典故，稱喪妻爲鼓盆之痛，莊子才不痛呢！他歡喜都來不及。

27「屈原似非投江自殺」

兩三千年以來，中國各地河川，都分別舉行端午節，包粽子，賽龍船，紀念屈原大詩人，傳言屈大夫不滿楚王信任奸佞三閭大夫敗壞國政，以致奸人當道，民不聊生。屈原寫完了「離騷」大作，就自投汨羅江自溺而死，耗訊傳出，全民同哀，紛紛扒船找尋屈原屍體，又以粽子投入江河餵著蛟龍與水族，以免呑吃屈原屍體。

這是傳言爲眞的端午節起源，向無爭議。近年來中國大陸學術研究風起雲湧，有些學者對屈原案提出了新的分析，認爲：屈原似非自殺沉江，端午節自古已有，並非爲紀念屈原才有端午節。很可能是先有端午慶祝，因爲端午是農曆「驚蟄」節氣之後的一個重要節氣，是二十四個主要節氣之一。很可能自古就有投粽子餵蛟龍，禱求蛟龍勿興波作浪鬧洪水，賽龍舟的最初用意，可能是驅趕蛟龍。屈原自沉汨羅江，適逢端午左右，人民把慶節活動轉變爲找尋屈原屍體，將端午的慶祝活動擴大爲紀念。

那些學說並非毫無依據，他們引列了不少從三代以來就有的慶節端午的紀錄。

他們又說，一些較遙遠的國家民族，自古以來也有類似龍舟的團體伐船競賽，並不知道屈原投江的故事，集體划一艘長長的船來比賽，似乎是原始社會就開始的宗教娛樂。人類本來就愛競力競技，南太平洋有些島嶼居民也自古愛競賽划長船，北美原住民也有此風俗，只不過規模遠不及中國的龍舟。

屈原被公認是傷時憤世而投江自盡，他的屍體並未找到，有人推論，由於屈原進諫及筆伐奸臣豪門，得罪了太多佞臣奸黨，他們不以他被楚王黜退爲足，他們很可能把屈原暗殺，然後投屍江中，或者是威迫屈原跳河自殺，從推理而言，此種可能性不能排除，因爲屈原既然那麼忠君愛國愛民，當然有反抗的勇氣，必有打算要努力打擊奸黨，可以戰死也不會悲觀到投江自殺。屈原投江溺死之傳說，似乎不很合理，應該推論爲奸黨謀殺了屈原，將他屍體投入汨羅江，散佈消息說他投江自殺。

28「孟子的後裔武林唯七在日本」

中國人崇信孔子與孟子，孔子並沒有親筆寫出，是弟子們把他的說教語錄彙集成書，稱爲「論語」，成爲中國漢人文化與倫理的最高指標。孟子也沒有親筆寫書，他的言論專輯，「孟子」一書，也成爲教本典範，世稱孔孟，後人誤以爲孟子是孔子的及身弟子，其實兩人相隔了好幾代。

中國歷代的帝王將相聖哲等等大人物，都有什麼母夢呑日或呑神鳥巨蛋，或踏了巨人腳印等等奇異的出生神話，不勝枚舉，可能是神權時代，必須製造一些神話以示與衆不同，製造半人半神的超人地位，甚至於孔子也不能免俗，也有人造的出生神話，說孔子的母親，是夢到呑下神鳥巨卵而有孕生下他，孔子長成之後，卻是「鬼神之說，子所不語」的態度，他並不迷信，也不講神講鬼。他講的是人間實用的哲學道德學問和中庸之道。終他一生，不受君主重用，帶著一批學生周遊列國，推薦王道，不獲採納，最窮之時在陳國竟致斷糧挨餓，怎料死後卻被歷代帝皇利用其名教來統治國家人民。把他捧爲大成至聖先師。在山東曲阜的孔府，宮闕豪華，如同北京紫禁城皇宮，皇帝御前的宴席，一百個菜色，孔府的家筵，是九十九個菜。孔子後代七十多代，都受到朝廷供養，現代每年在孔廟廣場，還有三牲拜祭，舞樂叩拜，這就是孔子的神話。在西方國家，說：「孔夫子說的」，卻是「笑話」的代名詞，老饕們享用「孔家菜」的精美豪華，比讀論語來得熱烈。

孟子也不講鬼神，孔曰成仁，孟曰取義，早已成立中國軍人的信念。蔣介石從前發給每一個軍官一柄短劍，刻字「不成功就成仁」，這是受了孔孟的影響，也是有一些日本武士道的「剖腹」自殺的影響。

孟子的故事，最著名的是「孟母三遷」。爲了要給幼年孟子較好的讀書環境，避開惡少，孟母三次遷居，使兒子得以用心求學，古今稱賢。又一次孟母因孟子不用功，就把賴以維生的織布剪斷，令之覺悟，而改過。

孟子也周遊列國，求見君主，推銷他的仁愛爲治，「孟子見梁惠王」一篇，是最有代表性的紀錄，孔孟沒有什麼神奇的的神話。可是他們的思想成爲中國兩三千年的主流，這就是神話。

孟子的後人，有一支子孫移民到朝鮮，後來日本豐臣秀吉攻佔朝鮮，俘虜了很多朝鮮人，其中包括孟子的子孫；明代的孟二寬。他通曉漢醫，得以免殺，准其歸化日本，改姓渡邊名半右衛門，住在赤穗城。他的兒子改名爲武林唯七，又名孟隆重，其人文武雙全，出仕於赤穗城主淺野氏，作爲一個小官，後來成爲四十七個爲主復仇的死士之一，斬取仇人之首級。

怎麼回事呢？

原來，公元一七〇二年十二月十四日（日本元祿十五年），德川幕府第五代將軍綱吉，派敕史代表視察幕府於江戶（今東京），從京都至江戶之後，由幕府的專使淺野內匠頭長矩負責接待敕史。由於不諳熟禮儀，這個三十五歲的小城城主內匠頭（名字），乃向上級的幕府大老是一處城主吉良上野介義央（人名）請教。

六十一歲的吉良上野介義央很迷信佞佛媚神，爲了守佛教五戒不殺生，他一向下令人民不得屠殺狗狗，若有人殺狗爲食，即被城主處死，城主的秋田犬，受到優遇，由官役抬於官轎之內，路人必須行禮拜狗，狗狗飽食美饌，人民卻餓殍遍地。若有人打死一隻蚊子，也會被官判刑。這就是一個以信佛入迷的暴君！

非但是佞佛害民，這個吉良城主還是一個貪婪無比的酷吏，但是他是幕府將軍的親信大臣，人民敢怒而不敢言。

赤穗小城主內匠頭的家臣送禮給吉良，不夠豐厚，貪婪的吉良，處處爲難作梗，限令內匠頭在兩天之內將接待欽差的大館全換上新地板與疊蓆。後者也盡力做到了，但是向吉良請示接待禮儀之時，吉良刻薄辱罵他，使他失去武士尊嚴。

受極端侮辱之下，內匠頭衝動拔刀行刺吉良，卻被群臣抱他，未能殺死吉良，後來的結局，是吉良傑託幕俯將軍命令內匠頭剖腹自殺。日本的剖腹自殺，是用短刀插入前腹，已經無力再自剖，就由旁邊的武士揮刀斬下人頭，這就是所謂剖腹自殺的悲慘。

內匠頭死後，他的赤穗小城的家臣兩三百人之中，有四十七人誓言爲主復仇，他們化整爲零，這些失業武士，稱爲「浪人」‥由首座家臣大石良雄領導，祕密聚集，隱姓埋名，佯爲浪人與遊子，流連妓院酒肆，一年後，在雪夜攻入數千武士死守的城堡，殺死了仇人吉良一家，攻城復仇參與者四十七人，世稱赤穗浪士，其中一人，就是最年輕最拚命的孟子子孫孟隆重，名曰武林唯七，是他斬下主家仇人上野的頭顱，帶回去獻祭於主人的墓前，後來被將軍下令全體剖腹自殺，實則被斬首。

四十七赤穗城浪士爲主復仇的故事，數百年來，在日本舞台上演，名爲「忠臣藏」，賣座歷久不衰，電影多次拍戲，武士道影響全日本古來的民族性。武士道的源起，可以說是孟子的「成仁取義」的教訓，他的孫子孟隆重（武林唯七）是實踐取義的榜樣，對日本武士是有相當影響的，從今世現代來看，是另一回事。

或者武林唯七就是孟子留給後世的神話。

29「孫子的孫子」

孫子兵法十三篇，是春秋時代的兵法家孫子的名作，早已流傳中外，現代不少西方軍事學家也都研究孫子兵法，認爲是超越時代的軍事學作品，中國的軍事學院也列爲必讀的參考書，孫子兵法最出名一句：「不戰而屈人之兵」，和間諜戰觀念，都是現代軍事認同的原則，孫武子練宮女爲女兵，是很有名的故事。

孫子沒有留下什麼神話，是他的孫兒留下神話傳奇，他的孫兒名叫孫臏（有說就是孫子本人）被小說東周列國誌描寫成爲神通廣大的主將，此書的鬥法神奇故事，荒謬不下於封神榜，幻想豐富，大受兒童讀者歡迎。

話說孫臏原名賓，與龐涓同學，情同手足，兩人同仕，不料龐涓妒才，設計陷害，用酷刑削了孫臏的兩膝，使他變成削夫，不能行動，將他囚於獄中，把他名字改爲臏，加了一個月字邊，意思是跛子。後來孫臏逃出生天，投奔到齊國，成爲名將，率兵攻打，運用孫子兵法，打敗了龐涓，把他俘擄殺死。此段復仇故事，成爲東周列國志的壓軸大戲，鬥法鬥神通令人眼花，其實眞正戰勝原因是孫子兵法的妙用。

30「土行孫與費長房戴宗」

封神榜上有一個奇人，他的神通與衆不同，名叫土行孫，可能是因爲他能土行而得名。他隨時隨地，只消把身軀一扭一旋轉，就能鑽入地下，土遁而消失，瞬間百里。他成爲周營姜子牙帳下的傳令專差，無人比他更靈活敏捷。

土行孫以其土遁之術，多建奇功，即使在戰鬥中打不過敵人，他也能一扭身就土遁而消失。後來有一次戰鬥中，他敗陣而土遁，卻被敵人那邊的魔師施法術朝土地一指，把土地變成鋼鐵，土行孫遁走不成，被敵人斬首了。

土行孫的土遁神通，在今世的科幻電影可以看到，那就是可以鑽土運行的火箭船。不知土行孫是否駕駛著土鑽火箭？古人的科幻想像力眞強，絲毫不輸給今日西方，由此又一證。

古代神話有一個人，神衛與衆不同，他就是善於用神通「縮地」的費長房。他不需要土遁，也不飛翔，他要上哪兒去，只消運用神通，把地縮起來，路程就化爲零距離，可說是他心念一起，人就到了千里之外。

費長房的縮地神通，比孫悟空的跟斗雲還快。費長房的本事，大概不是眞的縮短了地，而很可能是「轉移空間」，他可能是從另一種時空旅行，比方說，台北到紐約的地球三度空間是八千公里，乘飛機得十六小時，但是這兩點之間的第四度或第五度時空，一念之間就可以到達，因爲並無距離。問題是，怎樣可以把三度空間物質的人體溶入五度空間？像科幻片集的機器，一按就把人的物質分子化爲無體的能，立即到達太空深處，又可以從「能」立刻回到「質」的人體。費長房的仙術，若果有其事，倒是很先進的科幻，可惜沒有傳人。

至於水滸傳內的神行太保，綁上馬甲，就可日行八百里；是比不上土行孫與費長房。馬甲是啥玩意兒？有人說是夾克，有人說是綁腿，像那老時代的軍人腿上的綁腿。搞不清是什麼，總之，戴宗一綁上馬甲，一唸咒，就如飛般行走，故稱爲神行太保，替梁山泊做飛毛腿傳達。或者他是腳踏風火輪，像哪吒太子，腳上的是噴氣火箭筒，可以貼著地面飛行，或者像滑行兩輪板，而裝有噴氣或噴火的，或者就簡單是摩托車。唸咒是聲音密碼，唸對了，機器就飛跑，沒唸準，就不動。

31「頭上雙峰分叉的太古人類」

中國農民曆，百中經，三字經等等，過去都在每頁頂上印有圖畫，線條簡明，但是頗堪玩味。總有些古式屋宇，芥子園畫譜方式的樹木花草，屋中有古裝美人倚欄，也有書生看書持卷，還有牛郎牽牛看耕什麼的，令人懷念那些古意。

這些眉畫之中，最奇怪的是畫了一些太古原始人，上身赤裸，腰圍樹葉，而腿也赤裸，頭上卻有雙峰凸聳在分開的頭頂，看起來像野人，不明白他們爲何頭上有雙峰峙立的頭頂，而且分叉的中間谷地很深。世上會有這樣的分叉頭殼？考古發現的化石原人，連同人猿在內，也都沒有這樣的分叉頭骨呀！怎麼一回事！

現在才恍然大悟，原來那分叉頭的雙峰是當時流行的髮型，古人把長長的頭髮梳成雙峰，盤在頭頂，看來就像神祇或鬼物；玩美觀自賞，又可怯敵，書上的古畫若把雙峰塗上黑墨，那就明白了，今人不是曾流行高髻與飛機頭？貓王之流不是以飛機頭的高髮型出名？

32 「師曠奏樂鳥獸起舞」

春秋時代有一個音樂作曲家，名叫曠，那時候音樂家都被尊稱爲「師」，冠於名字之上，不稱其姓氏，因此曠被尊稱爲師曠。

師曠是一個很有名的藝術工作者，獲得君主的供奉，成爲宮廷樂師及指揮，大概相似西方的巴哈的地位。

傳說師曠指揮樂隊多達數百人，奏出的交響樂曲，吸引鳳凰孔雀等等百鳥飛來駐聽，又吸引了麒麟獅虎等百獸來朝拜舞蹈。這是中國古代音樂神話。百鳥百獸怎會欣賞人類的交響音樂？眞是個謎，令人難以相信。

不過，現代的馬戲，大象會跟著音樂拍子而搖擺身體，白馬會隨著小史特芬斯作曲的輕騎兵進行曲而跳舞。這些都是經過訓練的，也許師曠的音樂眞有那麼神奇感動了鳥獸，或許是訓練過的鳥獸。

從記載看來，師曠音樂可能採用了巨大的銅鑄編鐘，那長短不一的一排青銅鐘片，顯示中國人古代已經有十二音階的樂器，早於西方三千多年。後來被五胡亂華的胡樂取代了。

33「田單火牛陣」

田單火牛陣的故事與「毋忘在莒」，數十年前，在台灣，人人耳熟能詳。

傳說春秋戰國時代，北方的燕國大將樂毅領大軍侵入山東半島的齊國，燕軍銳不可擋，連陷齊國七十二城，滅亡了這個國家，齊國只剩下即墨與莒城兩地，殘兵難苟存，朝不保夕。齊國大將田單別出奇謀，發動殘兵與難民，在數以千計的蠻牛尾巴綁上火把，驅使牛群直衝燕軍大營，齊軍隨後進攻，大敗燕軍，收復失地，並且驅逐燕軍於國土之外，後來還征服了燕國。

這段故事有幾個疑點：第一，齊國已亡，只剩兩小城，軍民衣食不繼，何來數千蠻牛？若有，不老早被殺了做牛肉吃掉？可能只找到數十隻牛，而不是數千之多。第二，北方並無水牛，只有黃牛，水牛角長，但並非蠻牛；黃牛更溫馴，兩牛均行動緩慢，不可能像西班牙野牛之衝鋒陷陣，齊魯地帶，不產野牛，從何得到？很難想像田單像美國西部牛仔，驅趕上千野牛衝向敵營。

可以採信的是，田單與殘兵，驅趕數十頭蠻牛，奇兵衝進敵營，敵人措手不及，被牛群嚇走。但是火牛戰術，只可用於一次，無以爲繼。田單的勝利復國，應該是他運用金銀珠寶賄賂燕國佞臣，促成燕王聽信讒言，貶了大將樂毅，田單才得以復國。

火牛陣令人想起公元二千多年前，北非迦太基崛起的漢尼拔大將，領軍北攻羅馬帝國，海戰不勝，他轉攻西班牙，驅趕三百多頭巨象，攀上阿爾卑斯山脈，經過天險的冰雪危崖，繞到意大利北方，象隊與軍隊，天降奇兵，突襲羅馬，征服了素以強兵自豪的羅馬大軍。羅馬人要四五十年後方能打敗漢尼拔，逼他在土耳其服毒自殺身亡。

田單驅火牛隔陣而復國滅燕，漢尼拔驅大象奇兵滅羅馬，兩者都是利用動物作戰的天才將領。創立了人類軍事功業奇蹟，可憐那些牛群與象群，慘被利用在戰場上喪生，死得太冤枉。古時並無什麼動物保護會或生態保護會，人命都不值錢，何況是動物呢？

34「丁令威千年歸」

春秋時代神話已經大大減少，可能是由於漸漸脫出神權時代，民智漸開，也可能由於手工業及工商貿易逐漸發達，還有諸子百家學說蓬勃，社會對於神話故事冷淡。神話故事只有在農閒之時，瓜棚閒話。

春秋時期稀少的神話故事之一，就是丁令威，騎鶴千年歸。

丁令威是人名，不知是何許人。傳說他是一個村民農夫，無意中被一隻仙鶴馱走，不知所終，過了一千多年，到春秋時代，仙鶴又把他馱回來，在山東即墨地區上空盤旋飛翔，仙鶴還會唱歌：「丁令威，丁令威，乘鶴仙去千年歸！千年城鄉人全非，滄海桑田多少回？」

丁令威回到地面，找不到故鄉，見不到親人，所見都是陌生的老人與兒童，他自己仍是少年形貌，不似千歲老人，可是人事全非，村人都是先民的幾十代子孫，無人認識他，他孤獨又淒涼，只好再騎鶴騰空而去，飛入高空不知所終。兒童就唱「丁令威，騎鶴仙去不再歸。」

美國十九世紀作家歐文氏的名作「呂伯大夢」，說有一個人，受不了太太兇婆子的囉嗦，就帶狗攜獵槍上山打獵，在山谷中迷了路，遇到一批古裝荷蘭人，命他搬酒桶，他偷喝了酒，看見荷蘭古人在打九柱保齡球，他漸漸酒醉睡著了，醒來身躺山中，全身僵硬，鬍子長了好幾尺長，獵槍朽壞了，狗不見了！他掙扎下山，村民圍觀，視爲怪物，村中所掛國旗，已是花旗，不再是英國米字旗，去找老婆，早已死去，女兒已成中年婦人，抱著孫子，原來他山中一睡二三十年。

丁令威的故事比呂伯更妙，山中一日人間千年。故事是否給予歐文氏靈感？不得而知。丁令威故事的「仙氣」，至今仍流傳，可算是個美麗的神話。

可以想像認爲他乘太空船到了外星再回來，不過，人到了外星再回地球，年齡也還是地球的生物年齡，天上一日人間千年，他在外星可能仍是年少，回到山東鄉下，就會變形爲千歲老翁。所以這樣的推想就不很美麗了，還是從舊吧！

35 「弄玉吹簫騎鳳去」

春秋時代秦國的君主秦穆公，有一個女兒，名叫弄玉，長得美如天仙，善於吹奏竹簫，常在宮殿樓上吹奏美麗的曲子，對於所有來求婚的王孫公子都不理睬。

有一天晚上，月明風清，弄玉公主（彼時未有公主名號）倚窗吹簫，引來了一隻大鳳，背上騎著一個英俊無比的青年男子，在鳳背上也吹簫和奏。弄玉公主立刻愛上這個英俊的男仙，跟他騎鳳升空而去。

看來弄玉公主遇到的男仙是知音，又瀟灑英俊，就跟他私奔乘鳳飛走了，免得嫁給庸俗的王孫公子。這男仙的鳳竟能載運兩人，可見是一隻巨大的鳳，或者竟是一架雙人座艙的直升飛機或近似鳥形的小飛機。誰知道古代就沒有飛機？公主被男友帶她坐上飛機飛走，跟現代男子用汽車把女友載走，有什麼不可能？不過，騎鳳歸去，就比較美麗得多。神話故事是神話，不可考據，也不可推理的，聽故事總得姑妄聽之姑妄信之，何必認眞？

也許是公主跟男人私奔了，秦穆公就編造出神話來遮羞。

36 「二十四孝故事」

孝親是中國人的傳統美德，是受到孔孟思想倫理觀念的影響，加上對父母的良心敬愛，古冊上有很多提倡孝親的圖文。其中最著名也最流行的是「二十四孝圖文」。

二十四孝圖文作者是誰已不可考證，想來總是大儒。二十四個孝親故事，各皆動人，不過，若從今人現代觀念，其中有些故事就顯得是不合理的神話，手頭無書，不能一一枚舉俯摭數則淺談：

黃香打虎救父一則，說小女孩黃香看見老虎啣去她的老父，她不顧一切，追上去拚命揮斧砍殺老虎，她奮不顧身，終於把老虎砍死，救下父親一命。這則故事，顯示女兒奮不顧身拚命打虎救得父親，可能老虎嘴巴啣著老父沒放下，無法咬到女兒，否則怎會被她砍倒？可能黃香斧下砍中老虎的要害，腦袋或頸子或肚皮。有些畫圖是說黃香用拳頭打死老虎，這可是訛說，一個小小七八歲女孩，怎能空手赤拳打死老虎？太神話了。水滸的黑旋風李逵打虎，也得揮動雙斧，武松打虎也得用棒。黃香小女孩打虎是揮斧，不是空手。不過，小女孩救父心切，勇氣可嘉；二十四孝之中，這是最值得讚美的一則故事。世上有幾個勇氣可比的小孩呢？何況是女孩。

以身飼蚊的故事，說貧家無錢買蚊幡，孝子脫衣以身餵蚊子，免得父親被蚊子所咬。此事若是眞的，這孝子行的是愚孝！其愚蠢無比。試想，成群蚊子會光咬兒子而不咬老父嗎？蚊子會感動而不咬老父嗎？他不會焚燒柴草，以煙驅蚊嗎？中國農村，到了天黑，家家焚燒柴草，用煙薰走蚊子，怎麼這個孝子不懂呢？

臥冰求鯉，說：有一個孝子，沒錢買糧，他的母親臥病在床，很想吃魚，孝子無錢，他就到冰封的河面去躺下，祈求天神賜魚，他孝感動天，天神就叫鯉魚從冰層下面跳上來。眞相可能是，孝子到冰封河面，鑽一個冰洞，把釣餌投下去。冰下的鯉魚本來就不停找尋冰層缺口呼吸空氣，看見冰洞，就跳上去了。北方寒帶鄉人都知道鑿冰捕魚，東北人與北美洲的原住民一樣如此作業，臥冰是不必的。二十四孝把它變成孝感動天臥冰求鯉，若全都信爲眞，到冰河上去臥冰，不得肺炎才怪！

大舜耕田；傳說大舜未登帝位，在家孝養父母，因爲家貧，必須耕種務農，他就趕大象拖犁耕田，雖至登帝位仍不改其勞，子民以之爲美談，傳頌其孝心。此段故事較爲可信，因爲古代中國北方是熱帶，農民有用大象耕田的風俗。熱帶產象，大象被馴服，早於牛被馴，可能象比牛賤，後來氣候改變，北方成爲寒地，大象南遷或被捕殺，再無大象耕田。舜帝爲了以身作則，以皇帝之尊也還趕象耕田，示範或做秀兼有，後世的帝王不也每年到御田做秀耕種幾下嗎？那已流於形式了。

親洗便桶，說：一位縣丞，事母至孝，母親病臥，他每天親自替母親洗滌便桶。不辭勞苦，更別說親侍湯藥，他的孝行感動子民，全邑都行孝道。此則故事，是全篇最平凡的一段，但也是最眞實可信的一段，也較爲合理。古時沒有抽水馬桶，都得用便桶，通常由僕人做的，縣丞卻親自爲之，在今世也不算什麼，在古代封建社會，這就不簡單。

二十四孝中，最不合理的一段，就是埋兒得金，說：有人家貧，無錢購糧奉養老父與老母，爲了減少食口，此人竟在後園掘洞，要將親生的三歲兒子活埋，減少食口，節省米糧來養父母，幸而孝感動天，掘土掘出黃金，可以購糧，不必活埋兒子。這段故事最不合理，爲了省糧來養父母，竟下毒手活埋兒子！這是什麼孝子？如此殘忍！如此愚孝！値得列入二十四孝？該槍斃才是！北極愛斯基摩人，沒有文字沒有財產，以漁獵爲生，隆冬時節，無法獵得海豹爲食，家中的老母親，爲了省下自己口糧留給孫子吃，她自己就到冰原上去靜坐，等候餓狼來吞噬她。日本梶山的貧戶，老母親也同樣到山谷去以身飼餵鴉群，以節省糧食給孫子（看過日片梶山傳奇沒有？），這些老奶奶，只有犧牲自己來節糧給子孫，沒有叫兒子去活埋孫子來節糧給老人的，二十四孝之中，這是最不孝的一段故事。

二十四孝中還有一段愚孝，就是剜肉療親。說有一個孝女，父親病篤，藥石無效，孝子跪禱神靈，並且用利刃剜割自己的臂肉，熬湯餵給病父，謊說是豬肉，孝感動天，病父吃了兒子的肉，病就好了。這段故事極爲荒誕，孝子的股肉竟然可以挽救將死的父親！這是迷信的愚孝，儒家最重孝道，但並無教人割股療親。而且，儒家說身體髮膚，受之父母，不可輕毀。這種割股療親的愚孝，違反儒家的孝道標準，違反人道。非但不能療病，反而促成病勢惡化與割股者流血不止感染病菌而死亡，同歸於盡，更別說病人會全不知情而心安。此種愚孝故事，被廣爲流傳，影響不小，很多人倣效，後來連佛教僧俗也流行焚指供佛作爲報答父母養育之恩，民初有一位八指頭陀，就是在佛像下焚燒了兩隻手指而得名，甚至於虛雲和尚也焚指供佛報親恩，眞乃愚不可及！

二十四孝的愚孝故事，不足採信也不足爲法。其實，少頂撞父母，多照顧父母，那就是孝道了，何必做些形式的愚孝？而且，父母仍在，子女應多多照顧，別等到父母去世才做什麼不切實際的形式和追悔。

37 「洛神與曹子建」

京戲泰斗梅蘭芳先生的名劇之一，是洛神。戲中說洛水的仙女洛神，是三國時代魏文帝曹丕的愛妃甄氏，在洛水溺死爲神。又說曹丕的弟弟曹植一向私戀這個嫂子而不能接近，後來到洛水去祭拜洛神，又到夢洛神來相會，後來他就寫了洛神賦來紀念她。

戲文是哀感動人的，梅蘭芳的演出據說哀艷無比，扮相唱工都疑是天仙化人。現代已無緣欣賞，不過梅派傳人都能演此戲，從中國的電視紀錄片來看，梅先生的哲嗣梅玖葆也演此戲，唱演都是一流，到底上了年歲又發福，演不出仙女的綽約飄逸，另外一些梅派坤角演的是以年輕貌美見勝。老一輩戲迷總說比不上梅蘭芳，可能是印象先入爲主吧。

戲中的洛神，在洛水江面的霧氣中盈盈飄行，曹植在河邊仰慕哭泣，廣東大戲的洛神，比京戲更有浪漫哀艷情調，潮劇洛神更像是舞劇，姿態更優美，各種地方戲演洛神，各有擅勝。劇情共同點是：洛神本是曹植的愛人，被哥哥以帝王之尊強霸。她投洛水自盡成爲洛神，痴情的曹子建來到洛水之濱哭祭，洛神在江上煙霧中現身相見；婷婷嬝嬝，可是仙凡相隔，唯有悲淚相看，洛神也漸漸在煙霧中消逝。

故事是十分感人，實際上，曹子建是三國時代的人，是曹操的幼子，以才思敏捷知名。傳說他哥哥迫他即席題詩，他在七步以內，就吟出名句：「煮豆燃豆萁，豆在釜中泣，本是同根生，相煎何太急？」。傳說當時在殿前有煮豆，但此說可疑，試問，魏王沒有御廚嗎？怎會容許在宮殿上煮豆子？皇帝有山珍海味不吃，卻要在殿前寶座之前煮豆子？七步成詩，可能是後來編造的，此詩可能早已胸有成竹，並非臨時在殿試所作，子建是天才，才思敏捷，但此詩不似是在殿上煮豆之作。

其實曹丕也是一個文學家，他的文賦中名句：「夫，文章經國之大業，不平則鳴……」，此句傳誦千古，他的政治才幹，確非文弱的子建可比，他所納的甄氏，本是諸侯張繡之妻，以貌美出名，曹操揮軍滅了張繡，納張妻爲妾，不久曹操去世，曹丕繼位而且稱帝，並且納甄氏爲妃，深居宮中，成爲最得寵的皇妃，宮闈門禁森嚴，子建從何得見嫂子甄氏？怎樣與她談愛私通？恐怕連見一面也不可得吧！對於這父妾又是嫂嫂的美人，子建唯有在心中暗戀吧？他在洛水作了「洛神賦」，借洛神來象徵甄妃，後世就傳說洛神就是甄妃。

曹植假託洛神，按洛神其實是伏羲大帝的妃子，姓宓，稱爲宓妃。時代在盤古之後，三代之前，宓妃因在洛水溺死成了仙女，被稱洛神。實際上是一隻溺死女鬼，文人多大話，把她形容爲美艷絕倫的仙女。死屍還有什麼美艷的？文人又把她與才子曹子建扯在一起，製造神話，莫明其妙！兩千年前的宓妃，竟和兩千年後的三國時代魏國王子曹子建戀愛，荒謬之至！可是中國人就喜愛看「艷屍」，信荒謬的艷史神話。

38「伍子胥闖關一夜白頭」

春秋時代，楚國的忠臣大將伍員被奸臣誣陷，被逼逃亡，逃到邊界關口，楚國軍隊早已佈下天羅地網，嚴盤行人，伍子胥因此不得過關，只得隱藏在友公住所，憂心忡忡，無計可施，終夜無眠。

天亮之後，卻發現原有的一頭烏黑長髮，竟然全都變成白髮，面容憔悴蒼老，狀似百歲老人，伍子胥因憂慮而一夜白頭，趕忙化裝爲年老佝僂之老頭子，穿上鄉人破衣，混在人群中，得以過關，進入吳國，後來被吳王重用爲大將軍，領兵征服越國，威脅楚國，使吳國成爲強國。

伍子胥一夜白頭，被視爲神蹟。其實，他可能是把頭髮漂白，染成灰白，再加上化裝易容，現代人不是用染髮劑把頭髮染成各種顏色嗎？綠的、藍的、黃的、金的、白的，全都可染，毫不稀奇。怎知古代就沒有染髮呢？京劇把伍子胥一夜白頭過關唱得有聲有色，使他的神奇故事家喻戶曉，從來沒有人講過他可能是把頭髮染白的。

39「西施」

西施是個家喻戶曉的古代美女，本是在家鄉溪邊浣紗的村女，默默無聞，是樸素無華的少女，沒料到會成爲名垂千古的美人。

浣紗就是在溪水滌洗染過的紗料，是貧家女子的謀生工作。西施安於貧窮，並無大志，卻不料來了一個越王勾踐的大臣范蠡大夫，他在越國遍尋絕色美女以獻給征服者吳王夫差，見到在河邊浣紗的西施，驚爲天人，就將她迎接到越宮去，親自教她詩書禮儀，把她訓練爲一個淑女，並且曉以復國大義，教她行間。

范大夫教導西施圓滿之後，把她送到蘇州吳宮，連同另一位美女鄭旦，一起獻給吳王夫差。好色的夫差後宮美女數百之多，可從未見過這樣不施脂粉樸素無華的脫俗秀美村女，他立刻就迷戀上她，獨寵專房。善解人意的西施也擅於歌舞，夫差在王宮建造一座響廊，讓西施在其上舞蹈，發出清脆響聲。這可能是世界上最早的踢躂舞，至今響廊猶在，成爲景點。

越王勾踐被俘之後，被貶爲奴僕侍候吳王，在屈辱中心存復國，佯爲恭順，甚至於舐嚐吳王的糞便，爲之診病。吳王以他爲忠心，范大夫賄賂吳王的親信伯嚭首相，伯嚭讒言對吳王釋放勾踐回國做庶民，勾踐回國之後，臥薪嚐膽，暗中備戰，十年生聚教戰。臥薪是睡在柴薪上面，以示不享受舒適的宮廷，嚐膽是掛一隻豬膽在床前，時常舐嚐其苦味，以示不忘亡國之痛。臥薪不難，天天嚐豬膽則不甚合理，豬膽掛久了不會腐爛發臭？勾踐可能以此號召臣民，但不可能長期嚐膽。

西施在吳王夫差身邊，不時將吳王的軍事情報暗傳給范大夫；大大幫助了勾踐的復國準備。西施又施展魅力，使吳王陷入歌舞酗酒。政事荒廢，大興土木建造華宮，奢侈荒淫，本來英明的吳王，漸漸腐化無道昏庸，奸相伯嚭受了越國重賄，大肆破壞吳國。

伍子胥看出西施的陰謀，他多次勸諫吳王，都不受吳王採納，最後，吳王竟受西施的慫恿，誅殺了伍子胥，從此吳軍無良將，越王勾踐大軍北上，攻滅了吳王，佔取了吳國，勾踐復國，西施很有功勞，是歷史上最成功的女間諜，傳頌千古。

西施的結局，正史無載，傳說是越王勾踐認爲她是亡國尤物，要將她處死。范蠡大夫把她帶到太湖，將她沉入湖中溺死。此說若是可信，則可見勾踐為人之殘酷無情忘恩。今人多稱頌勾踐復國，卻無人揭指其陰險毒辣兇殘。

另一說：范蠡並未殺死西施，他與她隱居在太湖的煙波小島，不知所終。又一說，范大夫化名陶朱公，經商成為巨富，西施成為他妻子做了富婆。

三種說法都欠證據，與西施同時進宮的美女鄭旦，早就被吳王賜死。紅顏多薄命，西施被越王勾踐視為禍國妖婦，將她賜死，可能性不能排除。范大夫愛上西施也很有可能，他是否從王命殺死西施呢？抑或偕西施逃亡，逍遙於太湖？

40「梨山老母」

梨山老母在中國古代神話不算是重量級神仙。但是處處有人提及。在封神演義就多次出現她神通廣大，心地慈悲，坐騎是一隻獅子。她的形象是一位慈祥的白髮老婆婆，手撐龍頭拐杖的，比起其他神仙，她更像中國漢族農村的老祖母，顯然是中國人工製的神仙。不是外來的神，與佛道都無關。

封神演義中，梨山老母的弟子們都是站在周武王麾下，追隨姜太公征伐紂王。戰況失利，弟子有危難，梨山老母就會及時趕到，用她的神通法術解救弟子，打敗敵軍的妖人，然後又隱退梨山。

這位慈祥老婆婆的形象，象徵著漢民族對於母親與婆婆的憧憬與尊敬，和慈母對子孫的保護疼愛。她的廣大神通，可能是母系社會的母親權力的象徵。

梨山在何處？可能是華山的一座山峰吧？不太可能是台灣中央山脈的梨山，因爲老母顯然是中原漢族人氏，住處可能是華山一帶，不可能住在古代尚未知的台灣梨山。

京戲「寶蓮燈」故事，發生地點在華山，寶蓮燈是梨山老母的法寶。少年沉香仗著寶蓮燈，力劈華山，使華山分爲兩邊峭壁，救出他的母親，至今導遊仍說是沉香把華山劈開的，峭壁陡直，確似斧劈，其實可能是古代地層陷坍。

寶蓮燈一劇，唱出悲苦的愛情與親情，也唱出梨山老母的慈悲，成爲最感人的傳說神仙，卻又沒有說教意味，梨山老母可說是民俗傳說之中最平易可親的慈母神仙。受難者祈求梨山老母，可能更早於佛教傳入中土之前。佛教的大慈大悲救苦救難觀世音菩薩後來在民間廣受膜拜，取代了神話中的梨山老母。

通俗小說常常提到梨山老母，例如薛丁山征西一書之中，法術與武藝超群的女將樊梨花，就是梨山老母的弟子。樊梨花三擒薛丁山，強迫成婚，幫助丁山征服番邦，後來生下孽子薛剛反唐。薛丁山全家三百多口，被唐王處斬。刑時，法場忽然捲起狂風沙暴，樊梨花失蹤，是被師父梨山老母攝救了，薛門只有梨花一人免難。後來的小說也偶見梨山老母出場，不過越來越少了。

41「黑虎趙玄壇」

騎黑虎的趙玄壇，被民間尊崇為黑虎大帝君，他的名氣絲毫不亞於任何神祇，他的形象威猛，略似張飛而較為英武，並不粗莽。眼神如閃電，卻又帶著慈愛之光，似乎是民俗寄喻於恩威並施的嚴父。

此位神仙，初見名於淮南子及神仙傳等古卷，語焉不詳。封神演義出場，神通廣大，神力無窮，大敗紂王的邪神妖黨，成為降魔大將，大概由此深入民心，被奉為黑虎帝君。他騎的黑虎，也成為他神像座下的神獸，老虎只有斑紋黃毛的，也有白毛的白虎，但是從未見過黑色的老虎，只見過黑毛的豹，稱為黑豹，比老虎更兇猛，又善於上樹，趙玄壇的坐騎，很可能就是黑豹，被誤認是黑虎。

民間的傳說：趙玄壇原名趙公明，原是一個收稅官，奉命到處向人民收稅，手段苛嚴，人皆畏之如虎。某次，他來到一處窮鄉僻野向農民收稅，遇上大雪又天晚了，農民不得不招待他住宿，待為上賓。但是農家太窮，苦無佳餚款待，只好招待他在柴房休息。

趙公明睡到下半夜，忽然聽見柴房內有婦女說話，那聲音說：「孩兒啊！你們都是爲娘的心肝命根，都是好兒女，爲娘捨不得離開你們。但是天亮之後，主人就來把爲娘抓去宰殺了款待收稅官趙大人，主人別無他物可以奉客，只有宰殺爲娘，天明之時，就是我們母子分離之時，可恨爲娘還未把你們撫養成長，你們還都幼小，今後無人照顧，你們如何存活？爲娘心如刀割，兒呀！今後沒了娘，你們可得好好照顧自己了，在外覓食，可得提防老鷹，又得防著貓奴，兒呀！你們得好好活著下去……」

趙公明聽到那嗚咽的慈母哭聲和叮嚀之詞，還有一些幼童的哭聲，細察之下，柴房內並無人影，只有一個雞窩，母親用身體覆護著一群黃毛小雞。

趙公明恍然大悟，知道聽到的就是母雞對牠的兒女的叮嚀。他感動得流淚，天明時分，農夫來捉母雞去殺，公明立刻阻止，他說：「不要宰殺母雞，我不要你款待，你留著母雞一命吧！」

趙公明從此茹素，再不許人殺死家禽，他辭了官修行去了。後來得道成神，那隻黑豹可能是在山野馴服的。

42「申公豹」

申公豹是封神榜書中最壞的大壞蛋，他是紂王陣營的大將，也是個騎著老虎的角色，武藝平平，法術也不強，卻有一張油嘴，他能說服各處洞府許多散仙魔頭妖道來幫助紂王對抗姜子牙大軍。申公豹請來的人物，每每神通廣大，戰勝周營，總得由姜子牙另請高明才終於打敗紂軍。

申公豹是個帶來災禍的禍首，助紂爲虐，因此民間對於反覆小人和挑撥是非之徒，稱之爲申公豹。一句：「你這個申公豹」，是老輩們很重的罵人臭嘴，現代人就很少知道了。

申公豹是否那麼卑鄙？封神演義把他描繪成萬惡小人。事實上，周營有姜子牙，紂王有申公豹，各爲其主而已。封神偏袒周武王，稱周營爲仁義之師，征伐無道，稱紂王爲無道暴君，當然就把申公豹寫成妖魔了。其實，紂王固是無道，周王也不見得有德到哪兒去，周武王大軍血洗鎬京紂黨，殃及人民，難民大批逃亡，逃往朝鮮與海外，至今仍留下殷民族的文化服飾特色，朝鮮民族饒有殷人古意，南美洲「印加」族不就是「殷家」？周營若有道，殷人何必逃？

43「神佛參加殷周戰事」

這標題就夠荒謬，佛教神佛怎會參加殷周戰事？佛教是戒殺的，也反對戰事，怎麼會參戰？

封神演義是明朝道士邱長春的作品。佛教自東漢明帝之時傳入中土，到了明代，佛教已經普遍，佛教神明，都已深入人心。明人邱長春把佛教的神佛也拉到封神演義去幫助姜子牙，並不希奇。明代作家吳承恩不是借用佛教的猴神拉耶摩那，使之成爲西遊記中的齊天大聖孫悟空？

封神演義的文學價值，遠不及西遊記，但也是一部多姿多采的巨著，它融合了佛道與民間神話，匯爲一爐。於是，中國古籍從未記載的神佛，在封神中紛紛登場，總是在姜子牙周營。鬥不過紂王的妖道之際，最危險的關頭，佛教的神佛就及時趕到，像西部電影中的騎兵隊或獨行俠，突然現身，大施神通，大敗妖邪。總之無論紂王的妖人法術多高，都抵擋不住佛法。

舉例說，紂營請來了一位孔宣道人，神通無敵，一抖肩膀就生出百丈五彩光芒，周營的神仙凡人，立即暈眩倒下。姜子牙請了不少神仙來救援，也都敗陣，也都暈倒昏迷。最後，燃燈道人忽降臨，他就是佛經的燃燈古佛。釋迦牟尼曾詣其所求法，「無一法可得」——釋迦這樣說——燃燈古佛在封神榜，變成燃燈道人。他只喝一聲「孽畜還不現形？」，那孔宣道人就現出本相，原來是一隻巨大孔雀，佛經中稱為孔雀大明王的。孔雀現形後就歸向西方佛土去了，周營大破紂兵，燃燈古佛也功成身退。

後來大破紂兵妖陣，周營請到了佛教西方三聖手持淨瓶柳枝的慈母形象觀音大士，還有大腹便便的彌勒佛，騎著六牙巨象的普賢菩薩，駐著金毛獅的文殊師利菩薩，還有托塔的天王，降魔杵不離手的帝釋，還有佛祖如來佛釋迦牟尼，還有準提佛母這麼強大的陣形，攻陷了殷朝帝國，紂王與妲己自焚而死。周武王登位，建立周朝，一統中國，享祚八百年。

這就是封神演義的部份故事。佛教神佛幫助了周武王與姜子牙推翻殷朝紂王，信不信由你。如果你信孫悟空神話眞有其事，那麼也可以相信神佛助戰滅紂。

44 神祕的集體失蹤

唐朝派出大將蘇定方領兵數萬人出征西城，全部神祕失蹤，是全體被敵人殺死呢？是集體逃亡？毫無音訊，史學家無法推測數萬官兵如何失蹤。

公元一七一一年，四千多名西班牙軍隊在比利牛斯山區待命與另支部隊會合，另部到達時，發現四千人全部失蹤，而營火未熄，槍炮仍在，軍車亦仍在。搜索數月，渺無蹤跡，是否集體逃亡？

公元一九一五年八月十二日，土耳其戰爭，英軍諾福軍團第一營走向低垂的雲霧，兩百五十人全部失蹤於雲霧之中，搜索不見屍骸。

像這些神祕集體失蹤事件，一九三七年日軍南京大屠殺之前，在南京也發生過，傳說駐防南京的國軍整團大約三千多士兵一夜之間全體失蹤，是否全體被日軍屠殺？是否集體逃亡？

有人認爲這些軍隊是被外星人俘走了，又有人認爲是陷入了「黑綢交織體」的另一時空，都不能令人信服。可能較合理的解釋就是集體逃亡。特別是南京大屠殺前夕的國軍，可能是懼怕日軍屠殺而集體逃亡。

有些現象是很難解釋的，不由不聯想到超自然。像百慕達三角，東京灣魔鬼海，沖繩三角（從鹿兒島到沖繩又到台灣東面的三角海域），都是難測的危險深海。在那壩西南的那國島（在釣魚台以東）的海底疑是人造的平台，還有澎湖虎井嶼海底的古代磚牆，都令人聯想到超自然，張良月下吹簫，項羽部衆聞楚歌，一夜全體逃亡，是心理戰的成果，有何超自然？

二〇〇五年大陸四川某處深山岩石中發現的石刻漢字楷書「共產黨滅亡」，據新聞電視說經地質學家檢驗，岩石已有四萬年歷史。那麼說四十萬年前就有人在那深山石崖上刻下預言共產黨滅亡？四萬年前就已有文字？還有楷書？眞是匪夷所思了！漢文是秦始皇李斯發展的篆字與楷書，至今也不過兩千多年，怎麼四萬年前就有人把楷書字體的預言，刻在岩石上面？又怎麼在四萬年前知道共產黨？分明這是現代人僞造的假古董！岩石是萬年的，刻字是現代人做的，中國人自古就多做假符讖假刻石假預言神話，什麼神碑、神讖、神符，千年碑文吉瑞……一大堆迷信的贋品。

45「日本史上有八個女皇」

中國社會自古歧視女性，說是「牝雞司晨，唯家之索」，就是說女子主政家就會敗亡了。這是封建時代男性社會產生的歪理。中國古代在唐朝出了一個武則天女皇帝，就挨腐儒罵了千秋萬世，事實上，她統治的五十年，天下太平，盛唐文化，外國敬仰，紛派學生來華留學。

日本婦女向來被認爲最三從四德，對男子最謙卑，唯命是從，但是日本歷史上先後共有八個女皇帝，似乎並未被男子大罵。像中國男子那樣罵武則天，是否日本母系社會持續較長久？日本神功女皇曾派軍征服高麗，也派留學生到唐朝學習，至今仍流行的和服與日式建築，其實都是唐代的流風，近傳日本皇室因無男嗣，現在的皇孫女愛子，將來可能成爲日本天皇繼承人，成爲日本史上第九位女皇。現在才四歲的胖胖蘋果臉小女孩，天眞可愛，不知將來若做了女皇是何威儀？不會成爲軍國主義的女皇吧？

英國歷史上，著名的維多利亞女皇與伊利沙白女皇，先後把小小的島國發展爲世界強國，當代的伊利沙白二世，也極得人望。中國人的牝雞司晨觀念，對英國而言，毫無意義。荷蘭、比利時、丹麥、盧森堡，也都是女皇當國。

46 鄭和下西洋

三寶太監鄭和下西洋，是明代的大事。明太祖死後，傳位給孫子爲惠文帝，但是皇叔造反，搶了帝位，自立爲帝，是爲明成祖，定都燕京（北京），其姪子惠文帝逃亡在外，傳說逃到南方海外，成帝爲絕後患　乃派出鄭和率領水師巨船下南洋及西洋，目的有二，一是追捕惠文帝，二是恩威並施，開拓南洋西洋貿易。

鄭和奉命領了數十艘巨大海船，數萬兵員，先後六次下南洋，歷經東南亞、印度，到達非洲東岸與阿拉伯，全都是宣慰與交往貿易，並無戰爭，是最成功的外交成就。

鄭和並不姓鄭，也不是宮廷的「內監」，內監是閹人，是在皇宮中執役的奴才，鄭和是雲南人氏，是阿拉伯移民世居雲南的商人，由於他長於貿易與外交，精通阿拉伯語文，成祖委任他爲三寶太監，即是最高地位的總監。「太」是大的意思，叫他領水師官兵出洋，賜他姓鄭。他不是被閹的內監。他有妻妾，有子孫多人，後人散居台灣與華南與海外，每年聚會祭祖。

47 蒲留仙早悉愛滋

著名鬼狐小說「聊齋」的作者蒲留仙，一向被視爲漢人。他的漢文造詣極高，小說寫得栩栩如生，倩女幽魂不過是其中之一，寫得那麼生動優美，女鬼也變得可愛了，他其實是阿拉伯移民的後裔，驚奇吧？

最近中國學者考據他的家世，查出原來他是住在福州泉州一帶的阿拉伯族群的子孫，阿拉伯人早於漢代及晉代已經大批來中國貿易，留居下來的人很多，其時被稱爲「天方人」，在福州泉州聚居的天方商人，聚居成村，至今仍有阿拉伯村與阿拉伯街市，有阿拉墳場，在北方的開封洛陽也有，另外還有猶太村。東漢時代曾經在開封洛陽一帶屠殺了上百萬的阿拉伯人，南方福州泉州的幸免於難。

到了清代，阿拉伯人多已被漢化，亦有與漢人通婚，蒲留仙正是漢化的阿族子孫之一。他也讀漢書考鄉試但考京試不第，失意之餘就寫了「聊齋誌異」，故事之詭奇文字之優美，想像之豐富，前無古人後無來者，有人說可能是他從小熟知「一千零一夜」的天方夜譚，得了靈感。

「聊齋」中有一篇「胡生」故事，說有一個士子赴京考落第，失意還鄉，在歸途旅居，遇到一個美男子，英俊無比，使他迷上，就與之交往，並要求與之歡好。那青年胡生說，歡好將使吾兄全身潰爛化膿而死，何必爲短短須臾歡娛而喪生？

士人苦苦求歡，說若得片刻歡娛，雖死無悔，胡生搖頭嘆息，難卻其誠，只好與之歡好。士人得逞後庭之歡，飄飄欲仙，從此無夕虛度。

未幾，士人病毒發生，終於全身潰爛而死。

蒲留仙是阿拉伯人，熟知阿拉伯男子喜愛男色，男女分營而居，男營多有同性行爲，亦多有性病。他寫的可能是愛滋病情形，可見他早就熟知同性肛交會引起愛滋病致全身潰爛而死，也可見自古已有此病，並非現代才有，亦不是非洲綠猴傳染給黑人才傳到全世界。

蒲留仙假託是狐仙胡生，其實故事可能是眞有其人其事呢！這段警告卻一直被人忽略了。

48 「德川綱吉佞佛寵犬」

二戰時期，盛傳某巨公的女公子，利用美國來華助戰的志願空軍飛機，飛往香港迎接要人撤退。那些抗日軍人卻上不了飛機，仍然被棄於香港，後來被日軍牢監禁殺害。那架專機飛到重慶機場降落，一開門，跑出來幾隻狼犬，機艙內還裝南洋貨！當時有兒歌唱曰：「狼狗坐專機，窮人無處棲；狼狗吃牛排，人民吃沙泥。」

故事眞假不知，但是當年大官利用美國飛機從印度走私洋貨，是人所皆知，豪門寵愛狗也是常見之事。

寵狗虐民，自古有之，中外一體。日本歷史上愛狗如命而虐待人民者，不只上野侯爵一人，在他的後世，又有公元一六〇八年，第五代德川幕府將軍綱吉，較之上野無不及。

幕府將軍執政，天皇名同虛設。幕府挾天皇以令諸侯，有些像曹操，而權更大，是實際的統治者。綱吉的母親桂昌院（院是夫人之稱）信佛很深，綱吉也因母親而信佛，大建佛寺，耗資甚鉅，寵信眞言宗亮賢大師及隆光大師。爲亮賢建造護國寺於江戶（今東京小石川區），爲隆光在東京神田建護國院，規模很大。

綱吉獨生子夭折，隆光和尙向桂昌院說是因爲前生殺孽太重之報，應該禁殺生，尤應禁殺狗，因爲綱吉生肖屬狗。綱吉乃下令禁止殺牲口，禁止吃魚、肉、禽類，違者重刑。又下令特別保護狗類，設有「犬目附」官職，巡視各地，凡虐狗者均拘捕施刑，對狗稱呼，須尊稱「狗先生」，狗須坐轎子，穿錦衣，僕役須跪迎跪送。春秋時代衛靈公封鶴爲官亦不及之。

幕府將軍大力提倡崇狗，陋規太多，狗主紛紛棄狗，野狗遍地流浪，政府設立犬屋收容，至一六九七年，收容的狗隻多達四萬八千多隻，徵收重稅以養飼這些流浪狗，狗吃魚吃肉，人民反而不得吃葷。有人打死蚊子也被判受笞刑，因違反禁殺生之令而被判死刑或因禁流放之人越來越多，這樣的暴政，延續了二十多年，直到綱吉將軍去世爲止。

二〇〇五年的美國，沒有全民醫療保險，數千萬人民無錢就醫，任其自生自滅。美國卻進口台灣及其他地區的流浪狗爲之作精神復元治療，人不如狗，古今中外一體。

49 「太乙真人」

太乙眞人是一位大羅金仙，在仙班之中，大羅金仙地位最高，其次爲散仙，再其次爲地仙。太乙眞人的出處無可考據，在封神演義中，他是托塔天王李靖的三子哪吒的師父，把哪吒縱容得無法無天，李靖也不敢過問。

哪吒三太子七八歲左右，天生神勇，在他父親鎭守的錢塘關敵樓上，挽開千斤神弓一箭射出，射死了仙山的採藥白鶴童子，死者的師父石磯娘娘大怒，興師問罪。這位女仙神通廣大，李靖也惹不起，只好賠罪，送走了她。不料哪吒追上，和石磯娘娘大戰一場，並且祭起太乙眞人的法寶「火龍神罩」，把石磯娘娘活活燒成飛灰，驚動了三清教主與群仙都向李靖討罪，玉皇大帝也震怒，要嚴懲哪吒。

一波未平，二波又起，哪吒熱得難受，到東海去游水。他的日月雙環激起巨浪，引來了東海龍王的太子來興師問罪，和哪吒大戰，結果打輸了，被哪吒太子活活剝取龍筋做腰帶。龍王聞報帶兵來戰，也被哪吒三太子打敗，滿身是傷，哭奏玉帝，於是玉帝以哪吒兩罪併發，罪不可恕，下令李靖親自殺死哪吒，李靖不敢不從命，但是無法下手。哪吒大哭：「哪吒爲救父母免遭天譴，今日自刑，削骨還父，削肉還母！」言罷自戕而死，將骨肉還給父母。

自殺身亡的哪吒，魂魄飄向師父太乙眞人，師父求得觀音大士賜予蓮花，蓮葉與蓮莖，施法使哪吒靈魂託生於蓮花，又贈以風火輪及紅纓神槍。新生的哪吒皈依了觀音大士，形象是一個五六歲的赤體男孩，臉圍蓮葉，腳踏風火輪，手執日月雙環，神勇更大於前。曾經攻擊花果山，大戰孫悟空，不分勝負。他被民間奉祀爲三太子，據說非常靈異，台灣左營蓮花池潭畔，有一座三太子廟，三太子神像高高跨立在屋頂，比廟宇還高，十分威武，水中的荷花相映，也是一個絕景；不過廟內未見供奉太乙眞人，美中不足。

哪吒是中國神話中第一位叛逆少年，比孫悟空還早；哪吒的故事，反映出對於自古以來太嚴苛的父母的反抗，也是對於封建的反抗。在佛經中，有哪吒其人，卻不是個叛逆之子，故事傳到中土就變了質，卻又要他終於接受佛教觀音大士的拯救而再生，不過李靖卻不是佛教中的四大天王之一的托塔天王，也是借用的吧？

50「八仙過海」

八仙過海是京劇有名的武戲，八仙過海，各顯神通，其實潮劇八仙過海的全武行與舞蹈及音樂，都比京劇更美麗，可惜地方戲遠不及京戲的地位，知道的人不多。

八仙是八個神仙湊在一起：曹國舅、呂洞賓、張果老、藍采和、韓湘子、何仙姑、鐵拐李、漢鍾離。

這八個散仙，在中國神話中出現很遲，應該是在唐宋以後才出現的，或者是在明代以後才出現。這八仙各人朝代不同，據說曹國舅是漢朝人，是漢鍾離的好友，韓湘子是大文豪韓愈的姪子，張果老是唐朝人，其他無可考據。

據傳說，韓湘子從藍采和遊，是赤松子的弟子。韓湘子曾經在粵北梅嶺藍關大雪中攔路勸阻韓文公，勸之棄官學道，但爲文公所拒斥，韓湘子知難而退。文公當時有句：「雪擁藍關馬不前」，後來抵達潮州貶所，做一個小小縣令，寫了祭鱷魚文，投之江中，從此再無鱷患。論者謂，非文公文章可退鱷魚，實乃湘子法力暗助，從今人判斷，都不是，眞相可能是韓文公發動人民竭澤斷流，使江水乾涸，捕殺鱷魚，跟韓湘子扯不上。

鐵拐李是個獨腳乞丐。舞台上以他的表演最出色，他揚腳能翻跟斗，能跳能舞，武藝出衆，形象滑稽，張果老倒騎驢子，十分好玩，韓湘子善於吹簫，藍采和手持花籃，載歌載舞，何仙姑手持荷花，舞姿婀娜。

曹國舅與漢鍾離都沒有什麼表演，呂洞賓卻是個風流道人。背上揹著一柄寶劍，頭上束著道冠，身穿道袍，面如白玉，五縷長髯，態度瀟灑文雅，眼角含笑，像書生又像道人，又似豪傑，貴家公子，分明是個師奶殺手。傳說他的風流韻事，層出不窮，到處都有婦女仰慕他以身相委。又傳說他有房中祕術，又傳說他有點石成金的法術，總之，八仙之中，最多軼聞的是他，大概與卡沙諾華差不多。「呂洞賓三戲白牡丹」，是他的風流淫蕩戲。

傳說有人求呂洞賓佈施，他點石成金，給了很多黃金，那人仍不滿足，要求他「索性把你那點石成金的手指給我吧！」。這是呂洞賓的最有名故事。

八仙過海的故事，是說，八仙赴西王母娘娘壽宴，喝得半醉，歸途路過東海，被金魚精阻止渡海，雙方大動干戈，金魚公主以一敵八，還有海中蝦兵蟹將水族大軍，把八仙殺得片甲不留，敗陣下去。八仙過海，各顯神通，即由此劇而起，鐵拐李舞拐杖，呂洞賓舞劍，何仙姑揮動蓮花，藍采和拋花籃，曹國舅、漢鍾離也用劍，韓湘子用笛子，合力對抗金魚公主，也都不能取勝。舞台上刀光劍影，十分精彩，蝦兵蟹將滿台打滾翻跟斗，小孩最愛看。

一條小小金魚，竟能打敗八仙，不太合理，或者是錦鯉吧？也許是鯨魚？誰管？反正八仙過海是熱鬧的戲目，不輸給「十八羅漢鬥悟空」。

八仙之中，只有呂洞賓有祠廟，香火不少，女信徒居多，求偶求子的，求財的，絡繹不絕。「狗咬呂洞賓，不識好人心」，不知出自何典？

封神、西遊，都未見提及八仙，看來八仙傳說當在晚明或明代以後才出現。

51「黃帝內經與素女經」

黃帝內經是一部深奧的保健醫書。傳說是黃帝軒轅氏所傳授的，今世仍然認可黃帝內經的醫學見解，同時也推崇素女經爲婦科聖典，兩書都被認爲是黃帝所作。

黃帝時代，推論是在七千年以前，彼時漢族有文字嗎？黃帝用何種方式留下著作？三千多年前殷朝也只是甲骨文時代，而且漢文仍在雛形，不容易在甲骨上刻下太多文字，黃帝的醫學巨作，怎可能以甲骨流傳？事實上，考古至今仍未發現黃帝內經，所發掘者多是占卜之詞，簡短得很。

黃帝內經與素女經，醫理深奧而且完備，非簡單文字所能記錄，也不可能在甲骨文留傳。推論是後人所僞託爲黃帝親授，時代最早也係在春秋以後，漢文完備，醫學發達。有學問的諸子百家競出，醫學也抬頭，就有醫學高明的人士寫了內經與素女經等等，僞託是黃帝所作，此種可能性，不能排除。

52「赤松子與安期生」

赤松子是一位神仙，可能是大羅金仙等級，在神仙傳等古書都有提及赤松子，封神演義中他也客串過幾次，參戰支持周營。坐騎是一隻仙鶴，武器是一柄拂塵，五縷長髯，頭戴道冠，身穿八卦道袍，仙風道骨。他作戰只用拂塵一揮，就把敵人的刀槍折斷，他又善於解毒，好幾次及時趕到，作法解除紂王能人所施放的毒霧瘴氣。後世對於赤松子的拜祀者不多，但是香港的黃大仙祠香火最旺，就是拜的赤松子。

赤松子有不少弟子，金吒與木吒也是他的弟子，這兩兄弟很乖，不鬥爭，不像三弟哪吒那麼頑皮，因此就不太出名。漢鍾離學道就是拜赤松子爲師的。曹國舅、呂洞賓等人都是赤松子的徒弟，還有很多名人也曾從赤松子遊，跟赤松子學習氣功吐納，赤松子似乎是最早的吐納老師。唐詩中也有從赤松子遊的句子，可見他的壽命很長，從殷朝到唐朝，形貌仍如少年，永遠青春不老，與安期生一樣。安期生何人？沒有資料，神仙傳說安期生修道，年逾四十而貌如童子，也是一個長春不老的散仙吧？

53「織女與牛郎」

每年七夕，織女會牛郎。這是中國農村女兒最嚮往的佳節。村中少女，閨中少女，都在農曆七月七日之夜，擺設露天香案，供設各種供品、鮮花、鮮果與點心，向天參拜，名爲「乞巧」，祈求織女順利得會牛郎，也祈求織女賜福得就良緣。

傳說天上有一位美麗的仙女，善於織造天錦，卻因思凡而愛上人間的一個英俊牛郎，被玉帝知道，就把這對小夫妻分開，不准再相會，使她兩人相隔一條巨大天河，不能渡江相見。

後來，天上的仙女之群，深表同情，她們就於每年七夕，化身爲喜鵲，成群以千百計，成爲一條鵲橋，讓織女可以踏上鵲橋渡過天河去與牛郎相會。

七夕仰觀銀漢，下半夜可見織女星在空氣中，漸漸渡河，來到另一邊與牛郎星相會。中國農村少女及閨女自古受禮教嚴厲拘束，沒有自由，不能私自相會男友，漸漸形成七夕織女鵲橋會牛郎的幻想故事，這是反抗封建的悲劇，是可憐的幻想，古來男耕女織的農業社會，又窮又孤獨，又不能交友，唯有幻想一個牛郎來相會。牛郎就是放牛又耕田的男子，織女是整天在戶內織布的貧女，這般幻想可比西方那些什麼公主與白馬王子的愛情要偉大得多啦！也更有人情味，更令人感動啦！仙女化爲同情的鵲橋，不是比西方的老鼠變馬拖著南瓜馬車來得更有詩意與淒美？

織女星其實並無渡過銀河，只是在七夕之夜，從地球望過去，角度有些偏，在星雲之中的織女星與牛郎星，看似相連，其實它們都沒移動。奇怪的是，只有七夕有此奇觀，其它時間是沒有的。古人知道有此奇象，就編出了七夕織女會牛郎的淒涼羅曼蒂克故事，或者竟是女子所創造的故事吧！七夕應是情人節！

古今有關七夕的詩歌很多，白居易所作長恨歌也有句：「七月七日長生殿，夜半無人私語時。」

54「守門神將」

中國廟宇及巨宅的大門，必有左右兩邊持戈守衛的守門神將圖形。兩將都高大威武，虬髯濃眉，巨鼻圓睛，闊嘴大耳，表情猙獰，會把小孩嚇得哭著回頭跑。

傳說：唐太宗李世民有畏黑之症，怕黑到不敢睡，後來叫他的兩員大將，秦叔寶與尉遲恭，執戈在大門兩邊守衛，他才能入睡，這是守門神像的起源云云。後世貼的門神，就是畫的秦叔寶與尉遲恭。這兩將都是西域人，形貌就是如此，台南某廟的守門神兩個都是荷蘭人，還託夢說赤腳很冷，要穿鞋子。

秦叔寶就是秦瓊，京戲裡唱「秦瓊賣馬」就是他。「秦瓊賣了黃驃馬，五湖四海去訪賓朋」，窮到要賣馬才有飯吃，秦叔寶後來成爲李世民的大將軍，京戲有時插一段打諢：說：「你這馬是母的，不値錢！」「怎麼知道是母的呢？」「你剛才不是說，提起此馬奶（來）頭大嗎？就知是母馬啦！」

其實門神老早就有，古時名叫荼壘，並非始於唐太宗；而且，身經百戰殺人無數的唐太宗怎麼會怕黑？

55「孟姜女哭坍長城」

進入戰國時代，神話故事漸少，可能是由於春秋時代，諸子百家競放，民智漸開，而且戰爭頻仍，民生困苦，再無心情在瓜棚豆架下講故事了。

戰國之末，秦始皇興起，統一六國，將全中國劃分爲十八行省，取消封建諸侯，焚書坑儒，驅使百萬奴工，連結各國原有長城，成爲萬里一統的長城。其實長城不只萬里，而是兩萬多華里。連結長城的用意，是抵抗北方的匈奴民族入侵。自古以來爲患中國的匈奴，至是暫時被阻遏。在古代戰爭，長城曾是有效的防線，到了今時，才失去防務價值，只剩下觀光價值。

想當年，在兩千多年前，秦始皇軍隊驅趕著數萬奴工去構築長城，沒有推土機，沒有起重機，只用人力和獸力，多麼艱苦！夏天烈日曝曬，沒有水源，成千成萬的奴工渴死曬死，冬天冰雪封山，衣食不繼的奴工，多少人凍死和餓死，平時又多少奴工因過勞而死亡？

傳說有一處鄉村，孟姜女剛出嫁三天，秦軍就來抓伕，把全村男子男童都抓去修建長城。孟姜女的新婚丈夫也被抓走，從此音訊全無，生死未卜，被抓去之時，身無寒衣，也無乾糧。

悲哀的孟姜女，日夜哭泣，辛苦趕製棉衣，要送去給丈夫禦寒，她步行雪野，經過多日，來到長城腳下，卻不知丈夫在何處？她唯有向奴隸們打聽，也無人知曉她的丈夫喜良。

孟姜女走遍數百里長城腳下，都找不到她的丈夫，她不知道她丈夫已經因過度勞苦又饑餓，老早死掉了，屍體也被野狼吃掉了。

孟姜女捧著棉衣，不斷在雪地尋找，邊走邊哭，終於不支倒地，伏在雪地上的長城腳下，哭到血淚交流。

這一段的城牆，忽然應聲而倒塌，把孟姜女壓死了，從此這一段城牆永遠修不好，隨修隨倒。這就是孟姜女哭坍長城的故事，也是神話，一個女子的可憐哭聲，怎能把長城哭坍呢？聖經舊約裡，猶太人吹起號角，敵人的基甸城牆應聲倒塌，但是孟姜女只有微弱的哭聲啊！

可是，孟姜女哭倒長城，是代表中國人民在絕望痛苦中反抗暴政的哭聲，是反抗奴隸大衆的悲慟，是弱者的悲哀哭聲，除了哭，還能做什麼呢？

孟姜女哭坍的一段長城，據說至今仍存在，是西北長城永遠修不好的缺口，今人旅遊，有導遊帶領觀光，很可能是並無其事的，很可能那一段城牆向來就地基不佳，經地震震毀，再也修復不了。

是眞是假？都不重要，孟姜女哭坍長城的悲歌，流傳了兩千多年，象徵的是中國人民在暴政壓迫下的悲哀掙扎哭聲，流不盡的掙扎血淚悲歌，現代電影演了又再演多少次「孟姜女哭坍長城」，可是有幾部電影眞正能表達那種悲哀？還有，那麼偉大的愛情！（羅密歐與茱麗葉的殉情算什麼？）

56「白起牛」

春秋戰國時代，原爲陝西小國的秦國，其君主秦穆公，善於用賢才名將，把國家變成了強國，成爲第三代子孫秦始皇之基礎。秦穆公任用張儀爲相，採用連橫戰略，遠交近攻，擊敗蘇秦的合縱戰略的五國聯盟，穆公任用的大將白起，善於用兵，打敗強敵魏國與楚國，俘虜了四十多萬敵軍。

白起個性殘忍，竟將四十多萬降卒，一夜之間，全體活埋，他是下令秦軍，強迫降軍自掘墳坑，然後驅使降軍互相活埋，餘衆由秦軍活埋。白起將軍一夜活埋降兵四十多萬人，手段之殘酷，規模之大，古今中外，無人可及。後世的納粹黨與俄軍，另外日軍的南京大屠殺也瞠乎其後！受害人家屬無不恨不得生食其肉！

白起活埋降軍，是中國人屠殺中國人，有史以來最殘酷殺死者最多人數的紀錄，眞是可恥可悲！白起後來也不得好死，他野心要亡秦自立，被秦穆公誅殺，將他五馬分屍於市，任人割其肉而吃之。

後來天雷打死一隻黃牛，雷火燒焦的皮上現出兩字：「白起」。人以爲是報應，可能是僞造。

57「和歌山的徐福墓」

日本和歌山有一座徐福墓，是著名的景點，據說，這位徐福，就是兩千多年前，被秦始皇派出去仙島取不死仙藥的徐福。

徐福墓是眞是假？難以考據，可能跟日本的楊妃墓一般，都是僞託的？日本人卻矢認是眞的，這是無法爭辯的，姑妄信之。

秦始皇以十九歲登位，征服六國，統一了中國，設立十八行省，南併兩粵與交趾，北併鮮卑，國勢之強，一時無兩。他卻怕死，一心信服方士，想求不死之藥。

方士徐福，曾去過海外，他對秦始皇說，海外有一座仙山日出之地扶桑島，出產一種不死仙草，他願採來供秦皇帝長生不老不死。

秦始皇深信其言，就派給五百名童男與五百童女，令徐福帶領到海外仙山去採不死草，徐福率衆，一去不歸。

史記和一些筆記均如此說，不妨分析一下。

第一，以秦始皇之精明，雄才大略，怎會輕易相信一個方士？怎會信海外仙島有不死仙草？又怎會輕易派隊派船舶，給方士帶走？

其次，所謂五百童男童女，應該不是六七歲小孩，更不可能是尚需大人餵養的嬰兒或三四歲孩童，可能是二十歲左右未成婚的青年，能勞動及自己照料生活的。徐福可能託言求神仙賜不死藥，必須帶童男處子，以示純潔。古來修士都以淫慾為污穢不潔，只有處男處女才純潔。徐福可能以此而要求皇帝派出處男處女各五百人，徐福其實另有打算，可能是帶他們去販賣給海外做奴隸，藉此賺錢，又可以聽始皇發給旅費與補給。

其三，秦始皇也另有打算，他給予徐福五百男童及女童，可能是打算向海外發展他的帝國。這些青年，是他的青年軍，他必另有加派軍兵隨團前往，人數可能合計有數千人至萬人。

其四，秦始皇派出的不只一般大船，可能是一支艦隊，十多艘戰艦，才裝得下那麼龐大的隊伍，以採仙草爲名，攻取海外島嶼國家爲實。徐福心中另有打算，準備攻佔之後就不回國，另外在海外建國生根，殖民發展。徐福既打算海外殖民，就不會限於只帶五百個小孩，難道還帶奶媽?當然是帶的身壯力強的青年，還有士兵。

其五：徐福奉皇命出海，是浩浩蕩蕩的艦隊，有武裝的，絕不會是無武裝的一船幼兒。

六，傳說徐福是身負皇命，正式在連雲港一帶出海航行，先到對馬海峽的日本海岸，遭遇到日本土人攻襲，死傷慘重，後來才反敗爲勝，佔領土地，成立邦國，仙草是沒取到，移民是達成的。

七、從此徐福一族的子孫，世居日本西北部，日人稱之爲秦氏家族。後世勢力很大，京都至今仍有景點秦氏大塚，傳說就是徐福的青年軍的子孫之墓。（下文另述其詳）

那麼說，徐福老死於日本，葬於和歌山，雖無實據，卻也並非絕無可能，秦始皇被徐福所騙，沒吃到不死草，反而白賠了一支艦隊與數千青年軍兵。他們呢，已經被日本人同化，成爲日本人的一部份了。

日本人稱移民歸化日本的外人爲「歸化人」。其中以朝鮮人居多，其次爲華人，歸化華人都改用日本姓氏，只有一支例外，仍舊用中國姓氏，稱爲秦氏，自認是秦始皇後裔，但秦皇並無多少後人，很可能他們是徐福帶到日本的那些青少年，他們來自秦國，故此姓秦。他們的子孫漸漸分佈於全日本，他們的勤奮努力，成爲經濟上領先的地位，尤其是他們在京都舊址的北部，曾經建造大堰，稱爲大堰川，引桂水灌溉，造成沃野。

秦氏最有名的領袖名叫秦河勝，曾經幫助日本推古天皇平定邪教「常世神教」，獲得聖德太子封爲武士，贈予佛像，秦河勝奉之於京都大秦區所建的蜂岡廣勝寺，時在公元六〇三年。太秦秦氏又捐獻巨大財力，協助建造平安京（後來稱京都），以中國的長安城爲藍本，建成大約一百平方公里的偉構京都（十公里乘十公里）。以太秦區爲中心（現仍稱太秦，有景點太秦塚），建成時期大約是中國隋朝文帝開皇二年（公元五八二年）。秦氏對日本的貢獻與影響，由此可見。他們極可能是徐福所帶去的童男女的子孫。以他們的財力，在和歌山建一座徐福墓，極有可能。

58「阿房宮三百里」

秦始皇好大喜功，大興土木，建成了延綿三百里的阿房宮，古文阿房宮說它有三百里之長，豪俊無比，從阿房宮流出的廢水都蒙著宮女的脂油污染了淮河，可見宮女人數之衆，宮中金銀珠寶堆積如山。

阿房宮是否有那麼偉大呢？又說楚霸王攻陷之後，放火焚燒阿房宮，大火燒了三個月猶未熄滅。

現代的研究，發現了阿房宮地基遺址，並無三百華里，而且也不是宮殿，而是一條從驪山通捷掠洛陽的官道，寬大而且有瓦頂遮避風雨與大雪。這條用分工土方法造成的公路，可供六輛馬車同時行走，是當時連結中原與西域的大道，駱駝商旅，輜重運輸，都循此行走。秦始皇建設阿房宮，是軍事與經濟的原因，一路均有驛站，但是並無宮室可供宮女居住。而且也沒有三百華里的華宮，阿房宮的上蓋是木架與黑瓦，並無皇家標誌與琉璃瓦（琉璃瓦似是在漢唐才出現），情形很像美加歐洲雪山公路的有瓦蓋走廊與橋樑，是用來避免大雪的。加拿大北方的公路就有很多這樣的有蓋公路與橋樑。

中國近年發表對阿房宮的遺址發現，雖不完整，也已經足以推翻了「阿房宮賦」的謊言，可見自古文人多大話，未經考證就憑偏見想像來發揮，用意是鞭屍秦始皇，但是誤導了衆生一千多年。

秦始皇確是一個暴君，奴役人民百萬，築長城，建阿房，開靈渠運河，但是功過參半，奢華的是兵馬俑與秦陵，而不是阿房宮，阿房宮根本就不是宮殿，只是一條有蓋頂的超級公路，而且也不是皇家私用的公路，是通往西域的大道。可惜被項羽放火燒掉，砍斷了中國與西域交通。

至於古書提及，秦始皇宮中有一面寶鏡，可以透視人體內臟肺腑，若眞有其事，那就是最早的X光機器了，比西方的X光還早了兩千多年，可惜也被項羽掠奪而下落不明。

59「秦始皇祕史」

秦始皇是大暴君，也是雄才大略的皇帝，對於古代中國，是功過參半。舉例說，他焚書坑儒，燒的是孔夫子的儒術之書，活埋的是四百多個儒家的學者，他沒燒醫術技藝之書，也未殺技藝之人，儒家可把他罵了兩千多年。

秦始皇築長城，是爲了抵抗北方匈奴民族的騎兵入侵，而且不是萬里長城都由他建造，只是把列國向來已有的長城連結起來，加添碉堡。他征用民伕奴工數百萬人，很多不堪苦役而死於長城下面，可是長城發揮了抗匈奴的效用。

他廢止了六國文字與制度，統一了漢文，令李斯創造漢文的書法。兩千年來，中國人仍使用統一的文字，不致於失去文字而成亡國奴。這是秦始皇的貢獻。

秦始皇的身世，頗爲離奇，一般都說他根本不是秦國嬴氏的子孫。傳說秦穆公爲交好各國，將子孫分別派出各國爲人質，交換各國的王室子孫，互派人質。秦穆公派到趙國的人質是他的孫子，名叫異人。

異人是個庶出的王孫，生母只是個妾婢，毫無地位，又很貧窮，無錢爲異人賄賂趙王君臣，因此異人在趙國受到冷遇，賃居在市，非常窮困，至於三餐難繼。

趙國有一個有錢的商人呂不韋，眼光獨到，他常以金錢周濟異人，又到秦國去拜見當時得寵的王妃華陽夫人，說服她認養異人爲嗣子，免得將來老至無依。無子的華陽夫人採納，就以異人爲子。

秦穆公死後，兒子繼位，不久也死了。秦王只剩下異人一個王孫，就將他迎回秦國就位，無德無能的異人竟會當上秦王，做夢也想不到。先是，呂不韋將自己的侍妾趙姬送給貧苦落魄的異人爲妾，那時趙姬已有兩月身孕，異人不知，還以爲是自己的血脈。

趙姬後來生下男孩，取名嬴政，就是秦始皇。異人登位之後，尊華陽夫人爲太后，聘請好友呂不韋爲相國，助他統治。不久異人去世，只有八歲的兒子被捧爲王，由呂不韋相國輔助，華陽夫人爲太太后垂簾聽政。

呂不韋位極人臣，被尊爲仲父，權傾朝野，趙姬與他餘情未了，兩人仍有私通，以爲兒子還小，兩人漸無顧忌，公然同宿。華陽夫人死後，兩人更無憚忌，不知兒子老早看出他倆姦情，他忍耐不言，卻早已暗藏殺機。

原來呂不韋自知形跡敗露，不敢再與趙后私通，但是趙后正值狼虎之年，自仗是太后，不憚兒子，她強令呂不韋在市井選找壯男，名叫嫪毒，入宮公然同宿荒淫，爲之產下兩個雙胞兒子。

十九歲的秦政，成年正式登機執政，掌握了軍政大權，下令呂不韋飲酖自殺，並且盡誅呂黨與三族，殺呂之後，又去祕宮撲殺兩弟。

秦政既殺呂不韋全家與黨人，就到祕宮來要殺母親及奸夫，結果殺掉的是兩個雙胞胎弟弟和奸夫嫪毒，傳說是在宮殿樓上將兩個嬰孩拋下樓下摔死，將偉丈夫嫪毒縛在市中五馬分屍；到底也還有些少天良，秦政不忍下手殺死母親，只把她囚禁於萯陽宮。

宮廷慘變，震動朝野，講究孝道的臣子紛紛上諫，始皇大怒，把諫臣一一殺死，曝屍廷下。並且立言：如有再諫犯者，一律如是。

他後來又在庭下設一巨大油鼎，凡有勸諫者，一律令武士拋入沸油中活活油炸，朝臣已先後被油烹了二十七人，因此無人敢再犯上。

忽然有一士人，名叫茅焦，趨前勸諫，秦王問：「你不怕油炸？」茅焦說：「正聞天上有二十八星宿，今就義已二十七人，尚缺一星宿，臣將來湊數。」他大罵秦王：「殺生父囚生母，是爲不孝，殺兩弟，爲不仁不義，濫誅諫臣，是爲不義，不顧朝綱，是爲不忠！吾言已盡，願赴油烹」茅焦於是縱身投向油鍋。秦王及時令人搶救，並且下座親扶，口稱：「先生責之有理，寡人知過矣！」

秦始皇終於悔改，這樣的量度，也是罕見。後來他反採用茅焦之建議，迎接母龍回咸陽。

這是有名的秦始皇故事，眞實性可疑，但是連史記都如此說，不由我們不採信，論者謂，始皇可能不知呂不韋是生父，皆因呂氏權力太大意圖謀反，乃予以族滅，這可能也有多少理由。

60「豫讓擊衣」

春秋時代，有一個小國被晉國君王晉文公所滅，小國君主全家死難，他有一個忠心的家臣，名叫豫讓。當日未能隨主赴死，他日誓必爲主復仇，他曾試圖突擊失敗，被晉軍捕獲要處斬，晉文公憐其忠義，予以釋放，豫讓卻未死心。

但是晉文公出入隨從頗衆，豫讓無法再近身襲擊，他就毀容化裝，自殘一腳，成爲一個跛腳的乞丐，在橋邊求乞，文公乘車經過，豫讓就突然撲向文公，揮刀行刺。

此次突襲，又再失敗，豫讓被晉軍所執，文公親自審問爲何再次行刺，豫讓說是爲主復仇，萬死不惜。晉文公憐惜他夠忠義，打算再次赦免他，但是左右臣子力阻。文公問豫讓：會不會再謀刺。豫讓說一定再來行刺，直到成功爲止。

晉文公搖頭太息，只得下令處斬，問豫讓有何最後要求，豫讓跪伏泣求：故主恩重，君侯恩更深，何忍再犯？刑前唯請君侯賜給所穿袍服，讓豫讓斬擊一劍，以了心願，死才瞑目。

晉文公是個賢君，深受感動，乃脫下身穿之官袍，交給豫讓。

豫讓感激零涕，向文公再拜，大哭呼叫：「君侯恩深似海，唯有來生爲犬馬相報！」言畢他揮刀亂砍文公的長袍，大哭叫道：「豫讓心願已了，任憑處置！故主之恩，難以再報了。」

從容就義的豫讓，被砍了頭，他的故事流傳千古，傳說晉文公的衣袍，被豫讓刀砍之處，均有血漬，文公因此悶悶不樂，不久病死。

京戲豫讓擊衣是一齣名劇，悲壯激昂，唱曲淒傷，賺人血淚。可惜此劇已很少演出了。

日本三百年來歷久不衰的舞台劇（歌舞伎）的巨製「忠臣藏」，是家臣大石良雄爲主復仇而被判剖腹處斬的悲哀故事，不知是否也曾受豫讓故事的影響？忠臣藏是四十七個家臣黑夜攻入藩王居所，殺盡全家，然後從容就義，豫讓的擊衣故事，似乎更令人感動。

61「專諸與荊軻」

專諸刺吳王，是在春秋末年，比荊軻刺秦王早了一百多年，專諸不及荊軻有名，可能因爲吳王夫差暴君之名不及秦始皇。

專諸刺荊軻，兩人都是失敗的刺客，但不能以成敗論英雄。兩人都是滿腔熱血，拴命除暴君的志士，史記刺客列傳都予以表揚。不過世人只知道荊蚵而不知有專諸。

關於專諸的資料極少，只知他是個無賴子，常在市集中打架鬧事，但是他很孝順母親，只聽到他母親一句：「專諸不可」，他就立即改過。他遊手好閒，奉養母親三餐難繼，還得靠他已出嫁的姊姊幫補，瞎子的母親才得一飽。

傳記似是越國范蠡大夫來以重金收買他去行刺吳王夫差，爲了除暴，更爲了賺金供養盲母，專諸就接下了。傳說范大夫交給他一柄直腸劍，劍而稱直腸，可見是非常細小的劍，而又可以彎捲的，容易收藏。

吳王夫差武功很好，專諸用直腸劍行刺失手，反被吳王與隨護砍殺了，吳王將屍體公開展市於市中，無人敢來認屍收葬，後來才有姊妹從鄉下趕來蘇州認屍領去，吳王才知道那是專諸，後來把專諸的姊姊與母親也都斬首了。可憐專諸所賺的一錠金子，還沒能供養他盲目的母親，這也是窮人的悲哀啊！

戰國末年，秦始皇用武力併吞各國，即將併吞燕國，燕太子丹，自知國力太弱，無可抵抗強秦，就想派刺客到秦國去刺殺秦始皇。

太子丹只想到刺殺秦王就可免被秦侵燕，可是他沒考慮到行刺的後果，無論行刺成敗，秦國必會報復，加速燕國滅亡，太子丹的行刺計劃，實在不智，可是當時的情況，任俠興起，一般深信俠士可以解難，太子丹誤認秦王被殺就可使秦國滅亡，只要物色到武藝高強的俠士，就勝利在望。

荊軻當時在燕京很有俠名，是公認的高手劍士，太子丹慕名往訪，請他出手刺秦王。荊軻辭以母親年老無人照應，太子慨允照料荊母，並親訪荊母示敬，請她說服兒子相助。

太子丹辭出之後，荊母自縊身亡，留字訓子以國爲重，自斷殘生，以斷兒子掛念，盼他立即以身許國。世人稱荊母深明大義，犧牲自己生命來促成兒子報國。今來看來，荊母實在未明大義，只明小義，她若深明大義，應該相勸兒子與太子丹多加詳細考慮，明白行刺未必成功，反招亡國在即之禍。她應勸太子與群臣努力圖強，以軍事及政治對抗強秦。中國古代婦女與日本婦女，都是輕於自殺以求成全丈夫或兒子，很衝動，自以爲是賢行婦德，殊不知是短見自欺欺人。

荊母自殺促子刺秦，有些史書有載，有些一字不提，眞相如何，很難判斷，若果有其事，今人看來是其志可嘉，其情可憫，其愚可悲。秦王未殺到，她倒無端送了一命，也把兒子推上死亡之路，把國家推上危亡之途，沒得說，那時的道德觀念，以之爲美，或者是儒教思想的負面影響吧？千古賢母，以此爲最笨！

荊軻回家見母親因此自殺，痛哭之餘，遵從母命，決心刺殺秦王，捨命以報母恩與太子丹知遇之恩。

太子丹派荊軻爲特使，又加派秦舞陽爲他的輔從，太子交給荊軻一卷燕國地圖，卷內暗藏一柄匕首（小劍），鋒利無比，叫荊軻在接近秦王展圖之時拔出匕首刺殺秦王。

荊軻帶著秦舞陽，乘船溯游前往秦國，太子丹親自送行，明知此去必難生還，荊軻唱出悲歌：「風蕭蕭兮，易水寒！壯士一去兮，不復還。」其悲壯哀戚之情，聞者淚垂。

荊軻因老母已死，了無牽掛，視死如歸。到了秦庭，他態度泰然自若，秦王聞報燕國太子丹特使來獻圖投降，立予召見。禁衛搜查荊軻與舞陽，要打開地圖，秦舞陽才十五歲，驚得面如死色，全身發抖，荊軻從容拒查，說國土地圖，是供奉皇帝之物，只有皇帝才配查看。

荊軻鎮定上殿，跪倒在秦始皇座前，獻上地圖。他倒捲圖卷，圖窮而匕現，他抓起匕首行刺秦王，一連數劍，均被秦王閃過，秦王走避，卻不知拔出身佩長劍自衛，有一個小臣是個司藥小史，他大呼：「大王彎身拔劍！」，又將藥袋投擲荊軻，秦王醒悟，彎背拔出長劍，揮斬荊軻，荊軻投擲匕首，未能命中，只擊中殿柱。秦王隨即上前，用長劍把荊軻斬殺，殿衛軍士亦一擁而上，亂刀砍死荊軻與秦舞陽。秦王下令將兩人凌遲示眾，並立即派大軍進攻燕國。

燕國陷落，太子丹自刎身亡，秦兵大肆屠殺燕國軍民，暴行難以細述。秦軍屠城十日，燕人死難百萬之衆，從此亡國。

荆軻被古今文人稱頌爲神爲俠，可沒有人提及行刺的失策後果。太子丹之愚昧，荆母之愚忠短見，都沒有人提及。行刺不成，反而害得家破國亡，被秦兵屠城，殺死上百萬人。

京戲與電影都只提到荆軻唱一句風蕭蕭的豪情如何悲壯，還有秦庭行刺的勇敢，沒有提荆軻垂死被凌遲之刑的痛苦。凌遲就是用刀活生生一片一片割下皮肉，割完人還沒死透呢！

62「巫山神女」

四川長江三峽，有一段河道名叫巫峽，河面不寬，崖壁高峙，雲氣繚繞中有一高峰，形似佇立少女，稱爲神女峰。

神女峰之出名，是由於春秋時代楚襄王夢見與神女相會，令臣子宋玉寫作一篇「神女賦」，宋玉把神女描繪得美如天仙，而且來去飄忽，神祕之至，後人就以巫山的少女人形山峰爲神女佇得君王之像。這是美麗的附會神話，神女峰頂的崖石，遠觀是很像長髮結髻的女子頭部，山柱的下半部又很像衣裙，但是船行轉向，再向上仰望，就不再似神女了，只是那煙雲還是引人遐思。

楚王父子先後均夢會神女，非常開心也非常懷念：宋玉的神女賦可說寫楚王父子同嫖。聊齋誌異則有寫兩個父子先後嫖宿同一個妓女，可能靈感來自宋玉。法國作家莫泊桑也有一篇故事說父子同嫖一女，那就未必是靈感來自宋玉了。現代父子同嫖或兄弟同嫖的事很多，就更不足爲奇了。

必須澄清的是，神女峰的神女，不是洛神，兩者毫無關係。神女峰在長江四川湖北之間，洛神是在黃河流域的洛水洛陽地區，洛神是伏羲大帝的女兒，神女則不知何許人。神女因楚襄王父子的夢會，宋玉寫賦讚美而出名，洛神則因三國時代曹子建寫「洛神賦」以此寄託對嫂子甄后的單戀而傳頌千古。不過，兩女都是美如天仙，成爲中國古來自錮於書房的書生的夢中情人，想入非非。「巫山雲雨」變成性交的代名詞，恐怕宋玉再也想不到吧？

神女之名，到了今世，更變爲妓女的別稱，神女就再無美感了。

63「斷袖分桃」

斷袖分桃是春秋時代衛國之君衛靈公與男寵彌子瑕的故事。衛靈公很愛養鶴，在宮廷園林都養了很多鶴，甚至封鶴爲官，讓飼鶴的鶴奴也有官銜享官俸，對於人民卻橫徵暴歛，人民早有怨言，只是敢怒而不敢言。

衛靈公迷戀男寵彌子瑕，出入起居無不與共，形影不離，賞賜無數，恩寵有加，彌子瑕的尊貴，逾於後宮后妃，更甚於王侯，扈從衆多，排場堪比靈公，朝野側目。古來帝王多后妃亦兼愛男寵，但是男寵只列於奴僕之班，未有如彌子瑕之寵逾后妃，位比人君。

戲劇都把彌子瑕形容爲一個美少年小太監。傳說衛靈公與他共寢，靈公先醒，子瑕未醒，身壓靈公的袖子，靈公不忍驚醒他，就將袖子剪斷，讓子瑕安睡。古時的衣袖很大，尤其是貴族的衣袖，就如京戲的一般。那些官貴人家，不必勞作，所以穿華麗的大袖子，奴婢或家人就不會穿大袖子。

彌子瑕吃水蜜桃，咬了一口，就將桃子遞給衛靈公口裡。靈公不以爲忤，反而覺得甜蜜，說道：「子瑕愛我，乃與我分桃」，就擁吻子瑕。

斷袖與分桃，從此成爲同性戀的代名詞。其實自古帝王與大臣，多有男寵，妻妾亦不以爲忤。衛靈公不是唯一的同志皇帝，只是他對子瑕的迷戀太公開了，惹來衛道之士抨擊，又兼以他是個愛鶴不愛民的腐敗昏君，臭名昭彰。斷袖分桃被人以政治藉口而革命，他是第一個因男色而亡國之君。

古來戲文與傳言都認爲衛靈公後來被推翻殺死，是由於寵愛彌子瑕，其實沒有那麼簡單。傳說的彌子瑕是個弱質的文弱書生美少年，近年有人遍尋史書與筆記，發現彌子瑕原來是個健碩高大的武夫，而且是個帶領軍隊的大將，官拜上將，曾領兵戰敗鄰國，頗有戰功，由是得以晉宮朝覲皇帝，先爲禁衛軍領袖，後成隨駕親信護衛。衛靈公愛其壯碩威武，衛靈公本身也是個愛練武騎射的英武男子，與彌子瑕互相仰慕而成愛侶。這是英雄相惜，不是世俗所傳的孌童之戀，倒有些像羅馬帝國時代的風氣，凱撒大帝不就是出名的同志？

衛靈公與彌子瑕在一場政變的戰事中被叛軍所殺，靈公因不喜女色而無子，國祚遂亡，他滅亡也算是分桃性向的結果吧？

64「採薇與寒食」

周武王滅了紂王，建國爲周朝，史記等書都說周武王是仁義之師，解民倒懸，仁義廣被。但是，也有反對周武王的人，大批殷朝臣民逃亡到朝鮮日本甚至南洋美洲。

小規模的逃亡，比比皆是，最著名的逃亡者，是殷臣兩兄弟，伯夷與叔齊。兩人在紂王時代只做很小的官吏，紂王被推翻，兩人就說「身爲殷臣，恥不食周粟」；普天之下，都是周土，他兩人無處可逃，亦未能逃到海外，於是就逃到首陽山去，以採吃野生的蕨薇爲生，時人都讚美他們的高風亮節。（粟大概是北方的高粱，是北方人的主食，因爲窮又種不出大米）

後來有人批評他們：恥不食周粟，粟是周王所屬土地種出來的，但是野生的蕨薇也是周土所生成的呀！

兩兄弟聞言，就索性連野菜都不吃了，終於活活餓死於首陽山，至今首陽山尚有伯夷叔齊紀念碑，兩兄弟成爲古今忠貞的代表。其實，那樣的忠貞，於世何補？不食周粟，不食周薇，就救了國嗎？就推翻周武王？

伯夷叔齊，爲何不積極捨身去參加反周的行動？筆伐口誅，或者武力革命，不比在首陽山白白餓死好些嗎？伯夷叔齊那樣餓死，徒得義名，實際上只是徒得虛名，是兩個大笨瓜！今人是不會那樣的。

伯夷叔齊之後，到了春秋戰國，晉文公仰慕賢士介子推的奇才與孝母德行，就遣使禮請介子推到朝廷任官，那知介子推拒絕出山爲官，寧願隱居山林貧賤奉母終志，晉文公多次禮聘，均被拒絕，介子推而且屢屢遷遁，最後隱藏在綿山深處，以拾荒採野菜奉養老母，不知所終，官使無法尋覓。

晉文公的手下，乃放火燒山，企圖用火攻，逼使介子推出來，大火把綿山周圍數十里都已燒盡，介子推仍不出來，他揹著老母親只向深山逃走，最後官兵在綿山深處的火場找到，介子推揹著老母，葬身火中，成爲灰燼。

介子推寧死不肯出山爲官，晉文公雖是賢君，也感動不了他出山，世人千古傳頌介子推的高風亮節，更勝伯夷叔齊，卻無人責備他把老母也帶到大火中燒死的不孝之罪。

世人爲紀念介子推，於每年清明節前一日就不舉火爲炊，只吃寒食，叫寒食節，但值得嗎？介子推何不出山以其才能服務社會，又以甘旨奉養老母？

65「秦陵的水銀護河與淪波丹」

史記說秦始皇即位不久，就開始驅令數十萬奴隸建造秦陵，歷時三十多年才得完工，陵內廣置兵馬俑數萬人，守衛靈宮的始皇遺體與金銀珠寶。秦陵外圍有護城小河，灌以水銀，流動成河。

秦陵的設計奇巧，是由何人所作，不得而知，只知用液體水銀做護城，獨具創意，奇怪的是從何處得來足以成河的水銀？秦陵的發掘，是由於農人掘地偶然發現兵俑，引起中國國家派出考古隊伍與軍民予以發掘，歷時已逾二十年，仍未能掘出全部，這座高廣如山的秦陵，至今仍是個最神祕的謎，不亞於埃及的金字塔群。

始皇當時那麼年輕，是怎樣想到要爲自己預建陵墓的？可能受到左右佞臣的慫恿吧？不過不可能是李斯，李斯忙於創造統一的漢字與書法，還忙於改革和統一全國度量衡制度，車同軌，路同行，又須劃分全國爲十八行省。李斯本是呂不韋相國起用的人才，呂不韋被皇命誅殺之執行者竟是李斯，後來李斯也被始皇所殺。

也不可能是大將軍蒙恬，他忙於秦皇命他北伐匈奴南取兩粤與越南又還要創藝毛筆，什麼狼毫兔毛之筆，都是由蒙恬開始使用的，一直流傳到現代。

最大可能的建議者，可能是趙高，他可能借以討好始皇，又包下工程大賺特賺。始皇三十九歲就死了，在位二十多年，功過參半，對後世都有巨大影響，秦陵兵馬俑出土，反映出始皇的勢力之龐大與奴役人民的殘酷。不過，秦陵沒有發現活人的兵俑，顯然秦始皇已經廢止了從古以來用活人陪葬的殘忍陋俗，改用人造的土製兵馬俑，這是無道暴君百惡中的一善，遠比前代與後世的帝王爲開明，前代後世還有不少帝王與貴族用活人陪葬的。

秦始皇死後，趙高大權在握，假託王命，把太子派往北方隨蒙恬征匈奴，使人暗殺了太子，然後假王命而擁立始皇幼子胡亥爲帝，趙高權傾朝野，曾經爲試探二世皇帝對他的信任程度，他叫人帶一隻鹿到殿上，叫二世說這是什麼，二世說是鹿，趙高說，皇上差矣，此是馬，不是鹿；二世觀其勢，只得附從說：「對，這是馬。」由此則故事可知趙高的氣焰，勸造秦陵從中取利，可能就是此人。

二世暗圖誅殺趙高，反遭毒手。二世死後朝政混亂，農民陳勝吳廣，揭竿起義，楚與漢兵亦從起，秦朝傾亡。楚霸王項羽攻入秦宮，焚毀阿房宮，掠奪寶物，秦始皇宮中的透視鏡是可以透視人體內臟的一座X光鏡，還有由宛渠國進貢來的螺丹等等，都在戰亂中失蹤。

螺丹其形似螺，即是圓形而有尖頂，可在海底航行，水不入侵，又名淪波舟，是宛渠國的發明，該國人民乘波舟而至，貢給秦始皇。這是晉代學者王嘉所著作的拾遺記的記載，但是語焉不詳，未寫下何時年月日進貢，亦未說明宛渠國在何方，若此說可信，則早在秦朝已有潛水艦或飛碟形的太空船，可惜都已被兵毀。

66「中國古代的ＵＦＯ紀錄」

關於不明飛行物體（ＵＦＯ）的紀錄，西方出版的書，不知有幾千幾萬種，其中不光是現代的ＵＦＯ紀錄，也有很多古代的文獻紀錄，包括「羅馬時代的ＵＦＯ紀錄」，羅馬帝國的官史向來嚴謹而詳實，有關ＵＦＯ的紀錄，由羅馬帝國早年到末年，竟錄有幾千條之多，可見自古以來就有ＵＦＯ出現。

中國古籍也有很多ＵＦＯ紀錄，史書之中，史記和其他各朝代的史書，都有簡短的ＵＦＯ記載。例如「竹書紀年」的記載：

「周威烈王三十三年（公元前四百二十三年）冬，十一月，有大火下於北方，其聲如鼓」

這是周朝的紀錄，時在耶穌降生之前四百二十三年的十一月，有巨大的火從天而降於北方，有聲如擂大鼓，可能這是一團隕石？也可能是一座太空火箭？總之是不明飛行物體。

「山西通志」記載：唐貞觀八年（公元六三四年）七月，汾州青龍見，吐物空中，光明如火墜地。」所謂青龍，可能是形似蛇龍的飛行物體，或許是火箭飛船，或許是噴火推進的導彈，這是唐太宗時代空中出現的ＵＦＯ，或許那時代已經有了火箭與導彈。原始火箭不是中國發明的嗎？黃帝乘龍升天，可能就是乘坐長長的太空穿梭船，大小臣子攀登七十餘人，斷不會是一條蛇吧？

「晉乘搜略」記載：「元代至元二十七年（公元一二九〇年），正月乙未，絳州夜聞天鼓鳴，將旦復鳴，其聲如空中戰鬥者。」這是一月份某夜，空中出現戰鼓般的巨響雷鳴，將近天亮，又再巨響，聽來像在天空作戰的擂鼓之聲。這是什麼？可能是雷鳴，也可能是噴射機的噴氣聲音或是空爆，也可能是噴氣戰機在上空戰爭。

同書又記載：「元，至正十八年（公元一三五八年）三月，大同夜聞空中有聲，初，黑氣蔽西方，有聲如雷，頃之東北有雲如火，交射中天，其光灼地。」這很可能是：西方天空來了噴射火箭機，噴氣成黑霧，有聲如雷，東北方又來了噴射火箭，噴氣如火光如煙雲，兩隊敵對的導彈或火箭互相射擊，火光沖天，照灼大地，這兩方似UFO絕不是龍或蛇。

以上數則所見的空中火龍，頗似公元二〇〇〇年六月廿三夜，河南開封上空出現的隆隆雷聲的龍形不明飛行物體。（西方人稱爲雪茄形）。

「晉乘搜略」還有一則紀錄：「明，成化二十一年（公元一四八五年）春正月甲申朔申刻（傍晚）有光自中天墜化白氣，曲折上騰，逾時有赤星如碗，自中天而行，轟然如雷震」。

從中天下降的光柱白氣，又曲折上升，這倒像是龍捲風了，卻又有紅色巨星在天中央飛行，聲如雷鳴轟降，這可又像是什麼不明飛行物體了，或許是流星隕石？

清代筆記所記UFO就更多，「武鄉縣志說」：「康熙六十一年（公元一七二二年十一月，火星辰隕，星自東南流隕，大如斗，光烈於炬，聲如雷，其響近而長，屋宇震動，人畜皆驚。」

此案情似隕石，可能是太陽系外環的隕石環帶的隕石流星飛來地球，引起音爆巨響如雷及強烈的光炬，震動了大地，人民與畜牲都驚了。

另一則：「浮山縣志」記載：「清乾隆元年（公元一七三六年）閏四月初八戌時，有星自東北流於西南，光照滿地，頃之聲震如雷。」

這一件很明白的是隕石流星，太陽系木星以外外圍的隕石帶有太空隕石億兆之多，經常有些隕石飛向地球。

「忻州縣志」說：「清，道光五年（公元一八二五年）正月十五，有大星落於東北，後隨小石無數，聲若雷」，這是更明確的隕石與流星之群侵襲。

「壽陽縣志」記載：「清，道光六年（公元一八二六年）正月十五日，日落後，空中黑暗，忽有紅光照耀，燦然奪目，頃之昏黑如故，後傳聞直隸州城外是時降一火龍，渾身火光，三四日忽然夜間飛去。」

這一則係是火箭飛船，飛來降落四天後於夜間飛走，飛船的燈光照耀有此火光。

「滎阿縣志」說：「清，道光十六年（一八九〇年）七月間，半天有聲，自東北至西南開一縫，寬二三尺，長數十丈，內有燈光如電，形大如斗，忽縫合，映紅線一條。」

此則看來就是一艘瘦長形的太空飛船，腹底打開，射出電般燈光，各盞電燈其大如斗，可能是照射燈。後來忽然關上腹艙，只留下一線。這絕不可能是天空裂了一道縫，俗傳有「天眼開」，天空上面裂開了一隻狹長的眼睛，可能就是此一類情況，是飛行物體的腹艙打開露出燈光。

自古以來，不知有多少千百則ＵＦＯ的目擊紀錄。「二十四史」有數不清的記載，各地方的州縣誌記更多此類記載，無法一一引述，以上及以下只是順手俯摭手邊資料。

隕石，流星，火箭太空船，導彈，飛機，很可能自古已有，自古不知經過多少次文明翻身，古代的先進科學，或者比今代更先進呢？只是湮沒了，或者它們存在於另外的時空的「界」中，只是偶然與我們的歷史相遇。

「山西通志」記：「明，正德元年（公元一五〇六）三月戊申夜，太原空中見紅光如彎弓，長六七尺，旋變黃又變白，漸長至二十餘丈，光芒亙天，有火如斗。」又說：「明，嘉靖二十九年（公元一五五〇年）陽曲縣夜有光火如烈炬，自西南往東北，長二三十里，人皆見之」似是隕石。

又載：「明，萬曆三十五年（公元一六〇七）三月二十九夜，武鄉有星大如斗，自東北流西南，明如火炬，光芒逼人。」「明，天啓七年（公元一六二七年）五台有巨星自北來，逾五台山，橫飛有聲。」顯然是流星隕石。

還有：「明，崇禎七年（公元一六三四年）冬十二月二十四夜，介休空中火光如斗，自西起，墜於東南有聲」，這段可能是隕石闖來。

「明，崇禎十六年（公元一六四三年）八月乙亥夜，黎城星月皎潔，忽見一龍蜿延上升，金光燦爛閃爍，戶牖皆黃。」頗似龍捲風。

「黎城縣志」也記：「同年，八月十四夜，星月皎潔，無雲而雷，一龍蜿延上天，金光照耀，戶牖皆黃，牧人野棲老皆伏地」很像是龍捲風。

「明史王行誌」所載：「明，萬曆十一年（公元一六二六年）五月三十日上午九時許，北京王恭廠地帶，上空發生巨大爆響，巨大火團飛下，捲起旋風，發出烈火；大震一響如天崩地裂，巨火直捲上升，途人衣衫盡焚。大殿工人兩千因震而墜下，地現兩丈深坑」，似是隕石襲擊。

然後「交城縣志」載：到了清代康熙三十九年（公元一七〇七年）十一月初二夜，

「有火大如斗，自東北隕於西南，其光燭天」，顯見是流星隕石。

清代的耶穌會教士楊嘉祿神父，於公元一七二二年寫下紀錄：一七一八年八月二十日之夜，山東濟南上空出現一個巨大的十字架，衣部環繞白雲，爲時是晚上七時至九時，又從東方飛來流火，向西北消失，發生巨響，流下一些火星，居民萬人目睹此一奇象，大感震驚。

又說：「一七一八年九月八日之夜，七時至九時，濟南城空中再現更大的白光耀眼十字架，四周環繞美麗雲彩，十分多鐘內，十字架傾斜向北方，再過一刻鐘，光又重新直立向西方後行。濟南金城居民都目睹此一奇象。」

67「劉邦斬白蛇起義」

秦始皇暴虐無道，他死後，二世繼位，農民陳勝吳廣揭竿起義，繼之有楚霸王項羽興兵伐秦，又有沛縣亭長劉邦起兵。

楚霸王項羽本是楚國公卿之後，倡言：楚雖三戶，亦可亡秦，意思是說，楚國就算剩下三戶人家也必可滅秦復國，項羽以世家背景號召義兵，自無問題。劉邦卻出身寒微，區區一介亭長，相當於保甲長，交往的是屠狗之徒，毫無號召力量，他必須想出奇策不可。

劉邦就創造了「斬白蛇起義」的神話，說他喝醉了酒，在山中行走，見到一條巨大無比的白色長蛇橫路，他就揮刀去砍，斬斷了白蛇，他的從人趕到，邊路有個老媪在啼哭，說他的兒子白帝被赤帝所殺死，所以悲啼。

消息傳出，劉邦就被稱爲赤帝，眞命天子。在古代迷信時代，這是很重要的天命身份，劉邦從此就利用它來號召人民跟他伐秦，聲勢超過了項羽那些貴族革命，更大大高出於低級的農民領袖。

自古以來，帝王多有神話身世，不是母親夢吞日月，就是踏上巨人腳印，才生下的。劉邦的神話是斬殺了橫路白蛇，別出一格，蛇與龍是一類，都是天子權力的象徵，古代民族崇拜龍及蛇神，以之為圖騰。劉邦既有能力斬殺白帝，當然就是眞命天子，可取代秦王。

分析一下：一、白蛇罕見，又巨大到成蟒，更加罕見。二、蛇的習性很少橫路，多在草野，追捕獵物；因此，劉邦把橫攔路中的白蛇斬殺，眞的是沒打草稿的鬼話，只可騙騙一般愚民去追隨他伐秦。他的革命，乃是為了做皇帝，不是階級鬥爭革命，也不是民主革命。不過，古代人民除了滿腦子帝皇崇拜神話，懂什麼民主？今天劉邦再斬一千條白蛇也叫不響啦！

劉邦勢力漸大，項羽抓了他的父親，綁在陣前，揚言劉邦若不投降，就烹了他父親，劉邦回覆：你盡管烹，我願分一杯羹，劉邦不投降，項羽拿他沒法，只好放了他老爹，此一段故事，可見劉邦為人多謀善詐，而且也心腸很硬，非項羽所能及。

那個在路邊哭泣的婆婆，安知不是劉邦及徒衆所僱來扮演的？就如後世的競選，什麼花招不出動？花點小錢，找個老婆婆在路邊哭訴說赤帝子殺了她的白帝子，迷信的人群就傳言斬白蛇的劉邦就是赤帝了。劉邦利用人民的迷信，製造了斬白蛇的神話，成爲眞命天子，技倆並不高明，不幸連太史公等等史家也相信了他的鬼話，列入帝王本紀之中。

劉邦的從人落後，並未親見劉邦斬白蛇，但是他們當然是支持他的鬼話的，因爲是他們的共同利益所寄。從人之中，樊噲本是一個屠狗賣狗肉爲生的屠夫，後來隨劉邦征戰，成爲大將軍，中國人自古吃狗肉，至少是一部份人吃狗肉，所以才有屠狗行業；現代中國人已不多人吃狗肉，只有少數人仍吃，稱爲香肉。中國周邊國家與南洋，也還是吃狗肉的，西方人罵東方人吃狗肉是野蠻民族，其實西方人殺牛羊殺豬殺雞，不也是野蠻殺生？有何分別？

68「楚霸王與虞姬」

劉邦與項羽在垓下大戰，楚軍中了漢軍十面埋伏，漢軍張良用四面楚歌攻垮了楚兵心理，楚兵厭戰逃亡，項羽成爲無兵之將，敗走烏江，只有少數部屬與虞姬相隨。

大勢已去，英雄末路，項羽十分消極，悲歎：「力拔山兮氣蓋世，時不利兮騅不逝，騅不逝兮可奈何，虞兮虞兮奈若何！」

意思是不知道該怎麼辦才好，虞姬明白自己拖累了項羽，就強作歡笑，捧觴進酒，並且舞劍以娛項羽，京戲的虞姬舞劍，用「夜深沉」曲子，配以鼓聲，聞者動容，在悲哀的音樂中，虞姬舞罷，拔劍自刎而死，以免拖累項羽，這是有名的「霸王別姬」戲目，千古都在嘆息虞姬的忠貞節烈，宋詞中有詞牌「虞美人」，未知是否由虞姬而起？

項羽只帶數騎，逃走到烏江之畔，遺言無面目見江東父老，因爲八千江東子弟兵都被漢軍誅殺殆盡，他乃自刎身亡！史家都說項羽有勇無謀，如此以成敗論英雄，似欠公允。

其實項羽有勇也有謀，而且也有謀士范增等人襄助，只是一山還有一山高，強中更有強中手，項羽比不上漢軍張良與韓信之謀略，又不能聽從謀臣范增等人之謀，項羽先入咸陽，焚毀秦宮，毀滅無數文物，都是他的大過失。

虞姬的忠烈節義，是中國古代婦女的典範，也是悲慘的悲劇人物，死得悽慘冤枉，換了別人，不偷騎烏騅馬私逃才怪！光那匹黑馬也可賣上高價過活呀！

傳說，江蘇烏江之畔，有一座霸王廟，供奉楚霸王項羽，據說甚爲威靈，渡河者都必須先奉香燭冥錢，方可平安渡河，否則風浪大作，不能渡江。傳說，有一士人乘舟渡江，未備香燭冥幣，風浪大作，幾乎翻船，士人大怒，跑到廟前，題打油詩一首：

「君不君兮臣不臣，緣何立廟在江濱，三分天下猶嫌少，八百銅錢值幾文？」

據傳，從此風平浪靜，想不到項羽死後還有雅量如此，不愧是大英雄呢！

69「最悽慘的戚夫人」

劉邦即位爲漢高祖之後，廣蒐天下美女爲姬妾，其中最美麗的是戚姬，最受劉邦寵愛，獨寵專房，生下幾個兒子，寵幸無比。只道是君恩隆重，未免有些恃寵生嬌，未將皇后呂氏放在眼裡，怎料劉邦忽然病死，遺命以戚姬之子如意爲嗣君，呂后黨羽極衆，平素善妒的呂后，趁劉邦新喪，就垂簾聽政，立刻誅殺了戚姬所生世子如意與其他各子，剁成肉餅，強迫戚姬食之。

呂后並且將戚姬打入冷宮，下令將戚姬的四肢斬斷，把她丟在廁所糞坑，讓宮人便溺於其頭面身上，又令強餵以糞便。一代絕色美人，竟成爲豬狗不如，稱爲「人彘」，可憐她求生不得，求死不能，受盡刑罰虐待，許久才死，呂后餘恨未消，下令將戚姬屍體餵狗，並抄斬戚氏親者三族，古來妒婦惡毒再無呂后之毒，而下場悽慘者，亦無人可及戚夫人，她可說是最悲慘的女子。相較之下，英王亨利第八專殺老婆，也只是砍頭而已，哪及戚姬悲慘？

傳說後來呂后得病，常見戚姬現身索命，終於病死。呂氏全族後來也被劉邦子孫誅殺殆盡，也算是因果報應了。

70「衛夫人與李夫人」

劉邦（漢高祖）之後，是武帝及文帝。

漢室有兩個很有名的絕色美人，一個是漢武帝的寵妃衛夫人，另一個是漢文帝的李夫人。

衛夫人是名將衛青的妹妹，衛青以征西立功出名，妹子又是寵妃，衛氏家族一門顯赫，無與倫比。衛夫人地位幾可侵皇后，後來不知患何疾病而去世，傳說是被仇人用妖術所魘，但均無證據。

傳說武帝思念衛夫人，他素來深信方士，請來方士作法，使他夢中一會衛夫人。方士的道法果然有用，讓皇帝在夢中再與衛夫人相會。粵劇「漢武帝夢會衛夫人」戲曲十分緋惻纏綿，令人下淚。

方士作法，可能是催眠術，令漢武帝的下意識在夢中見到衛夫人。催眠術的心理暗示，自古已有，並非現代才有。漢代初年的方士，不一定是道家，彼時道教尚未成立，所稱方士，就是有方術的人，或者是道士或者不是。

漢武帝思念衛夫人太甚，遂被方士用催眠暗示，使他在夢中會見了衛夫人。

漢文帝的愛妃是李夫人，她是漢宮樂師李延年的妹妹，李延年作了一首曲，令樂工唱出，詞曰：「北方有佳人，絕世而獨立，一顧傾人城，再顧傾人國，寧不知傾城與傾國，佳人難再得。」

傾城傾國，典由此出。漢文帝問李延年何處有此佳人，延年就將妹妹送入宮中。文帝非常寵愛她，置六宮粉黛於不顧。後來李夫人病逝，文帝極其思念，終日悲傷。

有道士說能有法術召魂，帝令之作法，道士於半夜在宮中排一白幔，用燈照射布帳，果然李夫人嬝嬝顯現於帳上，使文帝得見而大慟。自此多次令道士召見夫人芳魂，但均可見而不能近身，虛形而已。

看來這是道士用電影或幻燈放映機來放映李夫人的遺照。然則漢代初年，中國已有電影及幻燈片，也有照相之術了。這種神話，其實並非神話。只是攝影術與放映，可是都已失傳了兩千多年，中國人要到二十世紀初才從西方人學來照相與拍放電影，可能是歷代都被封建制度思想所限制的結果吧。古代至今也仍有人認爲寫眞照像是攝去魂魄的，鄉下人不敢拍照，是到了近年幾十年才改變的。

71「趙飛燕的芭蕾舞」

趙飛燕是漢宮最美的美人。詩仙李白在歌頌楊貴妃的詩說：「雲想衣裳花想容，…會向瑤臺月下逢。…借問漢宮誰得似？可憐飛燕倚新裝」。大詩人李白奉詔參加唐玄宗與楊貴妃賞月，寫下這些拍馬屁的名詩，把楊貴妃的美麗，比爲雲彩，比爲花，又說漢宮中誰可比呢？就是楚楚可憐的穿了新裝的趙飛燕。

原來傳說美人的代表燕瘦環肥，就誤導了一般人，以爲趙飛燕瘦得弱不禁風，楊貴妃是個大胖子，或者胖得像西方古代油畫的胖婦。

假如楊貴妃是大胖子，李白怎敢拿她來比趙飛燕？看來楊妃並不是胖子，可能只是較爲豐滿一點。楊妃善舞，可能體態輕盈，所以李白把她比爲趙飛燕，也可見在李白心目中，趙飛燕是一個絕色美女，獨步漢宮，她的美麗飄逸婀娜舞姿，更是膾炙人口，李白的詩句，才可拍上楊妃馬屁。

趙飛燕本來姓馮，姊妹兩人被賣貴家，改名趙飛燕。因爲她的舞姿輕盈矯健，有如飛燕。姊妹兩人都被王子納爲妃子，其妹早逝，只剩下她得寵。

趙飛燕的舞姿，有好幾首詩句讚美她，稱爲「楚腰纖細掌中輕」，又稱她擅長掌上舞，聽來很像是古典芭蕾舞，所以才可在掌中輕或掌上舞。可能當時漢宮已有古典芭蕾舞，由男伴把她捧舉起來，她用腳尖站立而迴舞，或者是由男伴力士捧著金盆或玉盆，趙飛燕豎起腳尖，站在盆內輕盈起舞，紗裙飄逸，像仙女一般，當然腰是很細的，楚楚可憐，那音樂也必是非常文雅的。

趙飛燕在漢代已表演古典芭蕾舞，比西方人提早將近兩千年，漢代已經發展對西方的貿易與文化交流，說不定，古典芭蕾舞與音樂是從絲綢之路傳向西方的。西方的紀載，芭蕾舞才出現了兩百多年，而且最初是男子跳的，也不用腳尖跳，絕不可能「掌中輕」，從法國傳到俄國，才漸漸發展爲以女性爲中心的舞劇；用腳尖跳舞。趙飛燕早在兩千年就跳腳尖的芭蕾了，不可能是從西方傳給她的吧？

72「匹夫無罪，懷璧其罪」

春秋時代，楚國有一個採石工人卞和，在荊山採到一塊玉礦原石，他認出是無價之寶的美玉，拿去獻給楚厲王，不料玉工不識貨，指為假玉劣石，厲王大怒，下令把卞和的左足砍掉，以懲罰其欺君之罪。

厲王死後，其子武王繼位，那個傻瓜卞和又去獻寶，武王又將他的右腳砍了。到了下一代君主楚文王就位，卞和又爬去獻寶，文王找高手玉工將石剖開，發現舉世無匹的美玉。為酬其忠，文王命名此玉為「和氏之璧」。可是卞和為向帝王效忠獻寶，已成終身殘廢，幾至於死，所以古來文人嘆息其愚忠，稱為懷璧之罪。

這塊巨大美玉，後來被楚威王賜給攻滅越國有功的相國昭陽，於宴會時失竊，疑是門客張儀所盜竊，將他嚴刑拷打拘禁。受了冤獄的張儀，後來逃往秦國，名嘴張儀，與蘇秦齊名，說動秦惠文王，以遠交近攻的連橫之策，擊敗六國的蘇秦統合之策，使秦國強盛，滅了楚國，得雪恥辱。

和氏璧輾轉落入趙王之手，秦昭襄王願以十五座城向趙王換取此玉，趙立派特使藺相如攜玉赴秦庭。藺相如捧玉在秦王面前揚言與玉同碎也不肯交與秦王。相如的勇敢感動了秦王，放他攜玉歸趙國，這就是有名的弱小不畏強權的「完璧歸趙」故事。

六十多年之後，秦始皇滅六國，統一全國，也搶走了趙王的和氏璧，命李斯找玉工將之刻成玉璽，稱爲「傳國璽」，刻文曰：「受命於天，旣壽永昌」。

傳說秦始皇遊洞庭湖，風浪突發，乘舟將翻沉。始皇將玉璽投入湖水中，風浪立平。從此失去的玉璽，於八年後有人持來獻給始皇近臣，乃失而復得，後來劉邦滅秦，取得了玉璽，以後歷代帝王都以得到它爲天命所歸眞命天子，歷經漢唐宋元明清，傳到末代皇帝溥儀，被馮玉祥趕他出紫禁城，傳國玉璽從此失蹤，不知落入何人之手？至今仍是一件疑案。

玉與寶石，不過也只是一些石頭罷了。

73 「漢明妃昭君櫻」

漢朝的另一個悲劇美女，就是王昭君。傳說漢代北方的匈奴仍然爲患入侵，兵災頻仍，民不聊生，萬里長城似乎不怎樣有效防禦匈奴。漢元帝，尊照高祖和親政策，派出美女和番，與匈奴結親，政策收効，國祚安定太平。

傳說匈奴單于（匈奴王）向漢帝求娶帝室公主爲妻，漢帝乃將美貌宮女認爲公主，賜給匈奴單于，此次送出和番的宮女，是王昭君。

昭君是楚國人，即現在的湖北，長江之畔，距三峽不遠的地方。一個貧家村女，漢宮向全國徵收處女進宮選妃，昭君也不幸被當地官府選送，各地美女都厚賄畫工毛延壽，把相片畫美一點，以求中選爲妃子。傳說，昭君家貧，無錢賄賂，畫工乃把她的芳容畫醜，還點上剋夫之痣，因此落選，只是被派爲宮婢服役。

到了皇帝要選拔宮女送給匈奴單于，才發現昭君原來是隱藏在宮婢群中的一個絕世美人，而且單于也看中了她。漢元帝不得不守諾言，把昭君封爲公主，遣她出嫁匈奴。

傳說昭君善於彈奏琵琶，又能歌善舞，陛辭之時，漢帝依依不捨，昭君也眷戀漢帝，可是漢帝不能毀信，只好讓昭君離別，昭君抱著琵琶上馬隨著使團而去，踏上征途，黃沙大漠，回首不見漢宮，她悲淚漣漣，彈奏琵琶，曲成有名傳於後世的「昭君怨」，京劇、越劇、川劇、粵劇、潮劇各種地方戲，都有演出昭君和番，非常感人。日本長野松本古城有數百畝櫻花，其中最美的品種是粉紅覆瓣的「王昭君」櫻花。

傳說，昭君到了塞外蒙古，嫁給匈奴單于，被封爲夫人，極蒙單于寵愛，生了幾個王子。後來，單于駕崩，其長子繼位，父妾子襲，把昭君這位繼母要了。這是匈奴民族的風俗，兒子可以娶下亡父的全體姬妾，雖生母亦不能干預，這是漢人所不允許的。

傳說後來昭君年老去世，遺有子孫數十人，她的陵墓，至今仍在蒙古綏遠地帶，在無垠黃沙之中，她的陵墓特別長滿青綠的草，被視爲靈氣所鍾，千年常綠，因此唐詩有句「獨留青塚向黃沙」。現代人去中國旅行，也有訪遊昭君塚的行程，也有些昭君的靈異傳說，昭君爲愛國而出塞和番，是古今都傳誦的，其實也是奉皇命，身不由己，漢明妃一劇，唱誦千古。

74「龍與鳳」

中國人自古崇拜龍，以龍爲圖騰，帝王自視爲龍的子孫，身穿龍袍，坐著龍椅，睡龍床，宮殿有雕龍之樑柱，石階有雕刻蟠龍，歡喜則曰龍顏大悅，龍心大悅，發怒是龍顏大怒，生病是龍體欠安，書法是龍飛鳳舞，總之，到處都是龍，有五爪金龍，是爲最尊貴的龍。

中國人怎麼那麼愛龍呢？世傳的龍，其實很似封豕巨蛇，只是頭部有角有鬚，多少似南美洲卡洛柏哥島的大蜥蜴的頭，那五爪也似蜥蜴，五爪是五隻手指，鱗甲也似蜥蜴，可是蜥蜴並無那麼長的蛇身。考古學家爲中國巨龍起了一個拉丁文學名，稱爲中國蛇龍，據說已發掘到它們的化石，現代在加拿大西岸的奧卡那根大湖也常有發現蛇龍出現，被攝照片，不過，科學界爭論未定。

看來中國上古時代曾有蛇龍，是最兇猛的爬蟲恐龍，古人畏之，崇拜它爲祖先，相傳下來，形象神格化了。不過，龍的尊容，實在未可稱爲帥哥，化裝再好，也仍是蛇相般恐怖，令人想起巨大無比的蝮蛇，熱帶森林中常見的，一條長達數十英尺，重達千磅，可以一口吞下一隻水牛。當然首先是把獵物捲幾個圈，把它捲殺；看到廟宇宮殿的石柱似捲龍，不禁令人想起蝮蛇捲死獵物。

至於鳳，實在就是雉雞或孔雀的化身，南美洲哥斯大黎加國的森林，常見形似中國鳳凰的七彩琴尾的大鳥飛翔，又像雉雞，又像日本的長尾公雞，蹲在樹上，長尾垂吊在下，長達十多英尺的。鳳可能就是這些類的禽鳥，被中國古人幻想爲仙禽，可以供仙人乘坐飛翔，至少，鳳比龍可愛一些。后妃頭上的飾物，稱爲釵頭鳳，就是一隻彩鳳放在頭髻頂上，鳳身上又插了金子做的步搖，稱爲金步搖，走路時輕輕搖擺，宋朝詩人陸游所作詞「釵頭鳳」最有名，現代電影中的后妃，頭上的鳳太大了，像一隻老母雞蹲在頭頂上要下蛋。

新娘穿的鳳冠霞珮，大概是明代宮裝，有些老外新娘，在教堂穿過白紗，也在餐館穿上中國鳳冠霞佩來取悅中國老爺奶奶。

現在有人倡言，中國人不是龍的傳人，而是狼的子孫，聽起來像愛斯基摩人，那巨狼的獠牙與綠色光眼，比龍頭更可怕。

75 「承露盤不死露」

漢武帝迷信方士，令人在洛陽建立一座高達百尺的塔台，稱爲「承露盤」，方士說台頂所承接的密水，是仙人所賜的長生不老的仙露。

做了皇帝想升仙，秦始皇派徐福去扶桑採不死仙草，漢武帝建台承仙露，埃及法老王建金字塔來藏尸，都是迷信想不死，結果都死了。有生必有死，佛陀講法，就已講明了生老病死，誰能免之，佛陀教人爲佛，「了生死」，一般佛教人士解爲學了佛就不會「死」，成了佛不會死。殊不知佛陀也是八十多歲病篤往生的，祂所說「了生死」，這個「了」字，中國人解爲「了卻」生死，查看英文所譯佛經，都是「了解」，不是「了卻」，意思是，學了佛法，明白了解生與死都是天然法則，不生恐懼之心，等於從前軍隊口號「革命軍人不能怕死！」

不幸一般學佛人都認爲成了佛就不會死，慧命是永生的，但肉體仍是會有限生命的，秦皇漢武都誤信神仙有不死之方，秦皇命徐福帶人出海尋仙草，便宜了他們逃避暴政，移民日本及他處。漢武帝的承密台蒐集的露水，可能還不夠泡一小壺茶，天天喝，還是死了。

秦皇漢武時代的民智未開，聰明的方士大行其道，今天的太空船升空，人也上去了，醫學發達到可以複製人類，世人一般都有很高常識，可是也還是有不少方士鼓吹他們有不死長生之方，高價出售，加上傳授什麼神功，可以長生不老，也有人趨之若鶩，這些人也不乏高知識份子，只是對於死亡恐懼太甚，才會深信奇方，也是人類求生的願望所致吧！

其實，節制飲食，酌量運動，戒絕煙酒，多素少葷，保持心境平衡，人總會活得健康一些，何必擔心身後事？好好利用現有的生命，創造、學習、做自己開心的事，利人利己，享受人生，何必去飲用露水呢？

76「貂蟬與呂布」

東漢末年，漢室軟弱，權臣董卓挾天子以令諸侯，驕橫無比，橫徵暴歛，苛政酷刑，民不聊生，朝臣思清君側，苦無計策。

官居司徒的王允，在家中看見家婢貂蟬在月下拜香祝禱，楚楚可人，就心生一計，要用連環美人計來除去董卓。

董卓太師，權傾朝野，統率三軍，又有義子呂布隨侍，呂布是個青年將領，有勇多謀，手執方天戟，坐騎赤兔馬，隨扈董卓，寸步不離。王允將貂蟬認爲義女，盛妝侍宴，於席上將她送給董卓爲侍妾。董卓大喜，不料王允又另外將貂蟬色誘呂布，訴說被董卓強佔。她在鳳儀亭畔向呂布投訴，要投湖自盡。呂布大怒，持戟到內府，殺死義父董卓。京戲「鳳儀亭」名劇，唱作均佳。

除去董卓之後，王允當政，把貂蟬正式嫁給呂布，後來發生政變，呂布兵敗被殺，赤兔馬被關雲長所取得，貂蟬不知下落，王允在兵變時被殺。

人所週知的呂布與貂蟬的故事，是三國演義所講的，眞實情形恐怕未必如此，呂布其實那時並非那麼年輕的白袍小將，實際上是已是中年人，家有妻妾及子女，是否會一見貂蟬就迷上？爲她去殺死太師董卓？呂布行刺董卓，主要原因，恐怕是要奪權取代吧？實在是政變成分較多，若他心無叛意，也不太可能聽從貂蟬而去殺他的後台靠山。

三國演義說赤兔馬歸於關雲長，此言也有疑問。赤兔馬歸於關公之手，可能年老了，那能上陣馳騁？關公的赤兔馬，可能是另一匹吧？

貂蟬被稱爲古代四大美人之一，與西施並列爲愛國的美女，在戲曲上是熱門的角色，在實際上，卻不知所終。呂布戰死之後，他的下落如何？三國演義並沒有寫。

77 「武則天女皇帝」

唐朝出了一個武則天女皇帝，她的行爲，毀譽參半，大概是罵她的較多。可能是因爲中國人受了儒家思想影響！「牝雞司晨，唯家之索」，女子做皇帝，會國破家亡，中國人社會是男性至尊的社會，堂堂七尺男兒大丈夫，怎麼甘心拜伏於女子座下？其實古代的中國人，遠在三皇五帝之前，就是母系社會，後來才逐漸轉化爲男系社會，轉變的原因可能是漁獵耕種都需要男性的較強體力吧，女子無論怎樣體力總比較弱一些，可是從政與工商，都出現很多女強人，以頭腦敏銳見勝，並不靠體力，證明女子並不輸給男子，或許猶有過之。

武則天就是唐朝初年出現的女強人。

她出身湖北的長江三峽附近農村貧戶，不幸被唐朝下令全國選拔美女選中，送入唐宮做宮女，侍候唐太宗，名位很低，因她識字，被派爲掌管宮中文書的「才人」，還算不上是妃嬪。太宗病死之時，她還年輕，自請出宮在皇家庵院爲尼，終身爲太宗誦經。太宗的繼承人高宗看上了她，太宗死後，新帝高宗就把武氏從尼庵接回宮中，成爲姬妾。她一連生了幾個兒女，又善解帝意，得寵專房。高宗倚賴她代閱代批奏章，她又勤奮學習，很快就熟悉了政務，大權漸入她的手中。她以皇妃地位，又是皇帝的專寵，掌管文牘，成爲高宗的代表。她外結權臣達宦，引進娘家兄弟，掌握了軍機要職，武氏勢力佔據了唐朝。高宗病逝，武氏即以皇后身份聽政，群臣不敢不從，因爲武氏早已控制了朝廷。

武氏將太子外放，她自立爲帝，改國號爲周，統治唐朝，自改名爲則天。她善用賢才，拜狄仁傑爲相，還起用很多文武賢臣，改革政治，對外採取多面外交，與周邊民族和睦相處，國家得以平安無戰事者五十年。她又提倡商業對外貿易，鼓勵農工各業，改良水利與交通，國勢富強，前所未見，於是反對者噤然無語。她因好學而善於文學詩詞，開辦女科考試，全國大考，選取女官，開創女子參政。她的貢獻，甚至引起日本女皇派出五百名留學生來唐朝學習富強之道，把盛唐文化帶回日本。盛唐文化對日本的影響，至今仍可見到，茶道、書道、劍道、音樂、和服、廟宇建築、花道……都有唐風。日本還在平安皇朝，模倣唐代長安城而建設平安城，後來擴建成爲今日之京都。

武則天自立爲帝之時，已經年在三四十歲，她寵愛的幾個男寵面首，稱爲男妾，臣民唾罵她淫亂，她說：「男子可以娶妾嫖妓，男子爲帝，有三宮六院，妃嬪千人；女子爲帝爲何不能納男妾？朕所蓄男寵，不過數人而已，又未干政務，何傷大雅？」連狄仁傑亦不敢多言批評。不過，後來她的男妾張氏兄弟，越來越不像話，公然受賄買賣官爵，成爲武氏後來失敗的原因之一。

說起養男妾，武則天不是第一個。母系時代的女王，都有多個男妾，歷史上的君王也不少養有男寵，將相官吏之家，也很多養了「相公」，清朝不准官吏逛窰子（妓院），但不管他們去「書寓」嫖名爲「相公」的男妓。

明朝末年，流寇張獻忠與李自成，蹂躪全國，百萬大軍，到處攻陷城池，大肆擄掠屠殺姦淫，但始終攻不下貴州一處小城，守將是一個婦女，名叫秦良玉，她的丈夫是土司，作戰身亡，她以女子而統領全城之兵數萬人，死守抗敵，李自成部衆圍城四月不克，解圍而去，她的勇敢與兵法，保住了貴州。她就是有一個缺點，喜歡壯碩英俊的男子，養著數十個男妾，又是她的愛人，又是衛士，跟在身邊。

武則天有一段火焙牡丹的神話：

隆冬大雪之中，武則天帶領群臣在長安的帝苑飲酒賞雪，吟詩作對，半醉之時，她下令百花開放。她是天子，天子之命令，誰敢抗旨？百花各有司花仙子，奉詔祿忙百花齊放。唯有牡丹花仙子，她是百花之后，正在蓬萊仙島與嫦娥寺仙女下棋，未曾奉旨開花，而且批評武氏違反天然時令，下的是亂旨。

武則天大怒，下令將御苑的牡丹全數貶往洛陽，用爐火焙烤，結果，一夜間，牡丹花盛開，又大朵又多彩，武則天這才大悅。從此洛陽成爲世界牡丹之都，自古以來，遊客潮湧往洛陽賞牡丹花。

不信武則天的御旨有那麼神奇，應該是，在嚴寒中，牡丹未發蓓蕾，等到放在溫室之內，用爐火一焙，它就感覺到是春天到了，就怒放百花，現代的花圃溫室效應，在古代老早就知道了。

武則天有一天看到駱賓王大罵她的檄文，就對狄仁傑說：「有此人才，而不能用之，是朝廷之失。」可見她還是很有度量的，非常人能及。

78 「關帝」

中國人社會，到處有關公廟，供奉關雲長，尊爲關聖帝君。一般家庭也供奉關帝，做生意的店舖也供奉關帝，甚至於有些警署或派出所也供奉關帝，黑社會更是非供奉關帝不可。可以說，關帝是中國人家喻戶曉的神祇，受崇拜的程度遠超任何神明。日本橫濱也有關帝廟。

即使是乩壇，關帝也常降壇，成爲最受歡迎的乩仙之一，經常與濟公活佛及呂洞賓眞人聯袂降臨。

關帝爲何受到廣大群衆的崇拜？因爲他是忠義的象徵，正直、忠義、廉潔、勇敢、威嚴、守信，集美德於一身，是中國人理想的象徵，是人人寄望的保護大神，又是富有人情味的超人，人們供奉他，感到安全。

關帝的造型，是紅臉，美髯長鬚，蠶眉丹鳳眼，懸膽鼻，威武中也有慈祥。身穿帝王龍袍與護胸盔甲護心鏡，在他寶座兩旁侍立的，分別是他的長子關興，和侍衛長黑臉虬髯的周通，周通手持關公的青龍偃月大刀。

關帝在世時，並未稱帝，他只是一個大將，是後世歷代君主封他帝號的，相沿至今，群衆仍然尊稱他爲關聖帝君。

關帝的生平事蹟，是由三國演義介紹出來的，以表揚他的種種美德

關帝與劉備、張飛，三人在桃園結拜爲兄弟，劉備爲長兄，關爲二哥，三人生死之交，千古傳誦；關張二人力挺劉備，爲之出生入死征戰沙場，在諸葛亮的計策之下，合力建立了蜀漢，與曹操的魏，孫權的吳，鼎立爲三國，後世稱爲三國時代。

關帝的忠義故事，首推他被俘後，曹操用黃金與美女誘他歸降，但他封金掛印，奉還曹操，也不受美女，而且表明心跡，身在曹營心在漢，無論曹操怎樣禮遇，他終於伺機逃走，回到劉備身邊，世人認爲關公十分忠義。

另外，較早時，關公單騎千里護送嫂子（劉備的糜夫人），雖暗室不欺，這也是關公

的人格偉大，對義兄忠義，爲世稱道。

三國演義所述關公的忠義事件很不少，不勝枚舉，最膾炙人口的就是上述兩件。

關公在戰場被敵軍的毒箭射穿了他的肩膀，神醫華陀爲他開刀袪毒，先叫他飲麻沸湯，他拒絕了，他一面飲酒，與友人下棋，任由華陀開刀，面不改色，這是有名的關公刮骨療毒故事，足見其勇。

演義中提及關公水淹七軍，說關公率軍與東吳孫權的大軍作戰，關公自知難擋吳兵優勢，他下令蜀兵連夜堵斷江水，然後決堤，洪水往吳軍沖流，淹死吳兵七軍數萬人之多，因而獲得大勝。此段故事，顯示關公的戰術天才，但也可見其殘酷的一面，世人深受三國演義一面倒向蜀漢的影響，很少人會譴責關公水淹七軍之殘酷。

後來關公在征討東吳之時，被吳國大將陸遜等領軍殺敗，關公敗走麥城，最後被吳軍斬首。演義說關公之靈在雲端上大叫「還我頭來。」高僧普靜問他：「你殺那麼多人，他們又向誰討頭呢？」，關公立悟，就皈依了佛法，成爲佛教護法神，從此佛教寺廟也供奉關公。

關公的忠義，是對劉備。岳飛的忠烈，是對抗金兵，但是拜關公的多，拜岳的很少。

為何中國人拜關者多，拜岳者少？

中國人比較重視私誼忠誠，比較不重視國家民族，關公固然是一位完美的忠義代表，但是他所忠的對象是劉備一姓一人，並未有國族觀念。岳飛是保衛國土抵抗外患金兵的民族英雄，慘被奸相陷害，在風波亭被絞死。他的忠烈，其實比關公更偉大，但是，岳飛沒有羅貫中這樣的文學家為之立傳，關公卻幸運地得到三國演義的褒揚，深入人心成為聖賢神祇，假如羅貫中也寫一部「岳飛傳」，那就也會把岳飛捧成神祇了。他能與施耐庵合作，寫成「水滸傳」，他也必能寫一部「岳飛傳」。

79「火燒赤壁」

三國演義一書創造了好些傳奇人物，除了把關羽捧成忠義之神，又把諸葛亮捧成大智大慧的神仙神機妙算的大軍事家。

孔明本在南陽鄉間隱居，他所謂躬耕南陽。不過，躬耕是幌子，實際上是胸懷大志，秀才不出門，能知天下事，來往無白丁，朋儕都是有學問的學者，都知兵法。例如龐統與徐庶，就是其中的佼佼者。這些名士常聚在一起談論天下局勢，以天下爲己任，待時而出，他們並非眞正的農夫，其中名士徐庶曾出山爲劉備設計，一場戰爭，小勝曹操。

最先被曹操慕名延聘的名士是徐庶。曹操以禮厚待徐母，徐庶不得不投曹營，但是誓言終身不爲曹操設一謀。後來他推荐，使劉備三顧草廬，感動了孔明出山爲之效力終生。

三顧草廬的劉備，到訪時候孔明還未起床，吟詩曰：「大夢誰先覺，平生我自知，草堂春睡足，窗外日遲遲」。若是眞正的農夫，會這樣舒服睡懶覺嗎？可見他並非農夫，所謂躬耕，只是故作清高的幌子，非如此不能吸引君主來求。或者他也種一些青菜與花卉，作爲消遣。

諸葛亮未出山，就已經以善知天文與兵法而見稱於世，可能是他的朋黨平時與他談兵說政，把他的學問向外宣揚。他最早聞名於世的就是他的八陣圖。唐人杜甫詩句說「諸葛大名傳宇宙，宗臣遺像肅清高。」又說：「功蓋三分國，名成八陣圖」。大詩人如此贊誦，可見孔明確有八陣圖，並非虛傳。八陣圖是何物？就是諸葛在江邊用亂石砌成的八卦形狀的陣地，由於亂石很多很高，人若走入陣內就會迷路，找不到出口，被困陣中。古代步戰，都要擺設陣地，有什麼長蛇陣、天門陣，名目繁多，八陣圖就是依五行陰陽八卦之理擺成的陣地。由於孔明在江邊擺設，江水湍急，浪潮洶湧，又有霧氣，就顯得神祕。其實是三國演義太誇大了它的魔力功能。書中說是有人誤入陣內，只聞風濤雷鳴，陷入霧中不得出陣，後來是孔明的岳父黃老伯把他帶出陣外。

到了現代，八陣圖已毫無作用，可以在空中一眼看穿他的路徑，從「生」門出陣，據說現代旅遊長江三峽之餘，也會被帶觀看八陣圖的殘地，不過只存少許石頭，再無神祕之感了。

劉備三顧草廬，諸葛亮與談世局，對他向西佔取四川自立，進可攻中原，退可自成一國。這段隆中對策，打動劉備的心，就依言佔取了劉氏宗姪劉表的邑地四川，又用孔明之計，取東吳孫權之妹爲妻，結成姻親，借用荊州，後來也沒歸還，俗語「劉備借荊州」以喻有借無還，典出於此。湖北荊州成爲關羽的長久駐地，北窺曹操，東控孫權，後來關羽打敗被殺，荊州才被吳國陸遜所取回。

孔明建設四川，領軍六出祁山，征伐曹操，六次都失敗，後來病逝於五丈原，飲恨以歿。孔明出師伐魏，曾有上表給後主阿斗，稱爲出師表，是情詞並茂的文章，末句說：「鞠躬盡粹，死而後已」，忠烈之忱，千古同仰。最後一次伐魏，他也上一表，後世稱爲「後出師表」，以別於前出師表，不過近人學者有人指證，後表並非諸葛亮所作，而是仿其意而僞作，考據者大有理由詳列證據，不由不信。

孔明最著名的軍事成就，是借東風，火燒赤壁，燒死曹營水師與陸軍六十萬人。那時候孔明兵力很少，只有數千，東吳周瑜也只有數千水師，孔明與周瑜合作抵抗南侵的曹軍，書中說孔明無軍力，要倚靠周瑜，周瑜很妒孔明之才，就下軍令限孔明在三天內籌得十萬支利箭。孔明欣然接受，於大霧之夜，派出數十小船，載滿稻草，起霧駛向曹操的水師艦隊，一路擂鼓吶喊，曹操大驚，不敢應戰，只令放箭，孔明在舟內與魯肅飲酒吟詩，天亮之前，他的數十草船，都滿載而歸，十萬利箭向周瑜交差。這段草船借箭，是眞實的歷史，後世京劇常常唱演。

草船借箭之後，諸葛亮與周瑜合謀，用火攻曹軍水師，就牽出東吳大軍黃蓋斷臂行苦肉計去詐降曹操，獻計用鐵環連鎖戰船航隊，以避風浪，曹操的謀士勸阻曹操說萬一東南風向北岸吹來，敵人用火攻則航隊殆矣，曹操說現正是臘月安得東南來風？就下令將航隊連鎖，以求平穩免得官兵暈船。

這邊周瑜就心煩以致吐血，孔明知道周瑜是擔憂：「萬事俱備只欠東風。」就對周說會借取東風以助火攻。孔明假借東風之名，登台祭風，暗中溜走，以防周瑜殺他。孔明裝模作樣向天借東風，果然不久東南風吹到，孔明就坐輕舟逃走了，他哪裡有神通可借東風，完全是因為他熟悉天文與氣象學，計算出必有東南方於彼的吹來，即是後世所稱的「季風」，從台灣海峽吹向北方的，又名「貿易風」。

蜀軍與吳軍趁風放火，火攻曹軍水師，大火狂燒曹軍，曹操全軍覆沒。六十萬大軍被殺殆盡，大火焚燒赤壁曹艦，曹操大敗而逃，退兵時狼狽不堪，竟須割鬚棄袍，化裝而逃，後來逃至華容道，早有孔明安排關羽攔截，曹操棄馬受縛，關公卻把他釋縛，放他逃生，這就是有名的「華容道義釋曹操」，京戲常常演唱「華容道」。依此而編，若不是關羽念舊而釋放他，曹操就死定了，哪有後來篡漢室的事？也就不會有曹丕稱帝了，關公這一次的忠義可用錯啦！

三國演義最精采的部份，就是「借東風」、「火燒赤壁」、「華容道」，看三國演義，會學到很多歷史與典故，值得多讀。俗稱「少不看水滸，長不看紅樓，老不看三國」，都是偏見，這些世界文學名著，怎可不看？現代老外都爭著看這些書呢！

說到周瑜，一般認爲他是個少年郎白面書生，京戲唱周瑜是小生嗓唱的，若唱得好，自然是好聽；唱不好，倒像殺雞。其實周瑜並不比孔明年輕，相反的地，他比孔明還年長幾歲，似有年長十歲，他的才能也不在孔明之下，他說「既生瑜，何生亮？」，含恨以歿，其實周瑜是個文武全才。他的姨太太是小喬，是江東名美人其姊姊也是美女，大喬嫁給孫權爲妾，小喬嫁給周瑜。

孔明當初爲了挑撥孫周反曹，乃故意將曹操的創作「銅雀台賦」的名句：「攬二橋以觀勝」，改爲「攬二喬以觀勝」，把大喬小喬列爲己有。孔明這一手，史上無據，只是羅貫中的虛構。三國演義實在也非信史，他把曹操抹黑成爲巨奸，把劉備捧爲漢室天潢眞命天子，把孔明神格化，其實曹操和司馬懿，都是奇才，並不輸給孔明，羅貫中喊出漢賊不兩立的口號，把劉備的蜀漢形容爲正統，那是很不公正的。

80「諸葛亮的神奇」

諸葛孔明好些事蹟，倒也是確有其事，例如：他發明了木牛流馬，用於棧道運輸軍品，可能就是單輪手推小車，後世稱爲「雞公車」的鄉下小車，一個人在後面推動的獨輪小車，另一種可能是有履帶的小車，可以在不平的路面推動的，大陸四川的博物館有展出倣做的木牛流馬。

現代連日本鄉村都常施放的「孔明燈」，傳說也是孔明首創的。是利用火燒火炬的熱空氣把紙製大氣球，升空而飛走，可能是從中國傳去的。

「諸葛神數」是流傳至今的神奇詩籤，相傳是諸葛孔明所發明，也是一本詩句的籤語，與一般不同，它的字句是分開的，各字隱藏在一些數字裡面，求籤人把問題的三個字的筆劃計算出來，然後加或減以三百八十四，就得到籤語的頭一個字，可以從書中按數字次序查出來，然後再加以三八四，就得第二個字，這樣不斷在滿是圈圈的籤本中查出字句，直到它斷了句爲止。這樣就合成了一首詩，回答求籤者的問題，往往非常對題非常正確，令人訝異。

怎麼在兩千多年，諸葛孔明就知答案呢？那麼神奇？是！除非問者寫錯筆劃，否則答案都很準確。

其實，這本籤語，未必是諸葛孔明親自寫的，可能是他人冒名而作，但由於它那麼神奇，不由不相信是孔明的作品。

眞正的原理是易經，是八卦，易經的陰陽學與八卦，可以細分爲八八六十四卦，六十四卦又可再細分爲三百八十四卦。世事的或然率，大多數可以適用三百八十四個可能性，所以答案就很接近，這是中國古代的智慧，由周文王演繹成爲易經。孔明當然熟知易經，他把三百八十四卦的或然率可能都先寫成詩句，然後用數字把各字句分開，讓問者逐字去追查成句，以顯神奇。不論是否諸葛眞傳，此一占書都値得研究。

孔明六出祁運山伐司馬懿均失敗，最後一次出兵，他自知病篤不起，就屯兵於五丈原，司馬也知道他將逝，就故意不動兵來拖死他，孔明派人送女子內衣褲送給司馬，要激怒他出兵決戰，司馬笑而受之，一些也不生氣，反而問使者：「丞相安否？飯餐能進否？」使者說丞相很勞累，食少事煩。司馬笑道，食少事煩，其能久乎？就決心按兵不動，以逸待勞，孔明聞報說：「知我者司馬懿。」此兩人的風度眞是少有非常人所能及。

屯兵五丈原，孔明祭燈拜星以求延壽，魏延不知，入帳腳步風滅了燈盞，孔明也不責他，只是自歎是命也，擲劍而薨。

後來鄧艾領兵攻入四川，在山崖上發現諸葛預立石碑，預言某年有人踰此。這是孔明預測國破時間和趨險入川必經要道。

諸葛亮也有殘酷的一面，他揮軍南征雲南，七擒孟獲，南軍身穿藤甲，刀槍不入，孔明乃誘南軍進入谷地，注油縱火，燒死藤甲兵數萬人，悲慘哀號滿谷。

孔明善用火攻，先後有火燒赤壁六十萬曹兵，繼有火燒藤甲兵數萬，後有火燒葫蘆谷，要將谷內的司馬懿父子與軍隊燒死，若非天降大雨，司馬父子早已被燒死了。

諸葛亮病逝於五丈原軍次，雖死遺言蜀軍退兵返回四川，雖是臨終，也算無遺策，蜀軍分批暗退。晉兵司馬懿追趕來，各路軍馬俱見到諸葛亮羽扇綸巾坐於小車指揮退兵，司馬大驚，以爲諸葛仍活，不敢再追進。演義上說：「死諸葛能走生仲達」，事實上孔明是死了，遺言叫小兵扮飾他，曹軍所見都是兵卒假扮的孔明。

諸葛也有失算的時候，那就是「失街亭」。他一向以識才見稱，卻也失算了，派馬稷去守街亭要地，馬稷恃才傲物，只會紙上談兵，失守了街亭。孔明揮淚斬馬稷，京戲常唱此段。孔明自己識人不明，竟不自責，竟將責任全推在部將身上，不可謂非其過失，孔明也有缺點，可見世上無完人啊。

諸葛亮的故事，很多神話色彩，說也說不完，其實也有些故事是後人僞託的。

81「曹操」

三國演義是一部非常有吸引力的文學名著，羅貫中描寫的人物，栩栩如生，情節波譎雲詭，極富戲劇化。不過，羅貫中的立場很偏袒劉備，他認爲劉備是漢室皇叔，是正統的眞命天子。他把曹操司馬懿等人都視爲異端叛徒，他的筆下，把曹操形容爲一個巨奸大惡。他不能公平公正地敘述三國，讀者可以欣賞他筆下的故事，卻不可誤認他講的是正史。

另外一本「三國志」作者陳壽，態度較爲持平，並未成爲劉備的代言人，但是也是略微偏袒曹操與司馬，所以也不能算是正史。

若有興趣，不妨將兩書互相參考，也許就能考出眞僞，反正，兩書都是可讀性很高的名著小說野史，喜愛讀史的人會感到親切。

曹操其實是一個才子，軍事家，政治家，只是權謀太厲害，掩蓋了他的文學造詣。他的名句：「對酒當歌，人生幾何，譬如朝露，去日無多」，現代人常說「人生幾何」，不知源出於曹操，更不知他橫槊賦詩，出口成章。

受了演義影響，京戲都把曹操造型爲白臉巨奸，其實，曹操未必是那麼恐怖形貌，三國演義說，董卓召見外俠，令曹操代筆穿其服飾，以見使者。倘若曹操長相可怖，怎會被命代表？又一次，曹操奉命持刀站在床頭侍候董卓會見外使，後來有人問外使太師風範如何？外使說：太師風範平凡，唯床頭提刀人威儀可敬耳。如此來判斷，曹操的儀表一定很好。怎麼會被京戲揑造爲那麼恐怖？

曹操與諸葛孔明較力比智，書上總是說他輸給孔明，其實也是有輸有勝。羅貫中太崇拜孔明，把他寫成神仙，把他的敵人都寫成壞蛋，這是很不公正的。

曹操在世時，挾天子令諸侯，但並未篡漢而稱帝，是他死後，兒子曹丕稱帝，追謚父親爲魏帝太祖。

曹操的故事很多，幽默的有兩段。其一是他請到一位方士左慈，在盛宴中表演神通，左慈問曹丞相想吃什麼醒酒？曹說想吃松江四腮鱸魚用紫芽嫩薑煮湯，左慈用巾覆碟，揭開即已有此一名饌，還在冒熱氣。左慈用搬運法把江浙名產，從千里之外運來，驚動全場。左慈又手指牆上現出滿月皎潔，又將酒杯向空一擲，化爲仙鶴飛翔，合座驚呼神奇。

曹操後來向左慈學習隱身法，左慈教了他，可是，他挽隱不了全身，不是露出腳就是露出手，每次都被臣僕姬妾抓到，成爲笑柄。後來左慈就飄然而去了，走前曾經勸曹操急流勇退勿戀繁華，但是他聽不進。演義另一版本說曹操下令將左慈斬首，但是左慈用遁術逃走了。

「左慈戲曹操」是很滑稽的故事，未必眞有其事，卻見三國演義的多姿多采。擲杯變鶴，任何魔術家都做得到，鶴是預先藏在大袖內的，手法快，把杯往空中假意抛出去，其實是收回袖內，把白鶴放出。現代上海北京的一位魔術師，在電視上表演，向空抛出上百隻白鶴與彩鳥，比左慈更厲害。

至於那四鰓松江鱸魚，當然也是預先準備的。任何魔術家都做得到，左慈可能是個魔術高手。

曹操患嚴重頭痛，叫名醫華陀來診治。華陀說丞相腦內有瘤腫，須用斧劈開取出。曹操大怒，將他關在獄中，定刑處死。華陀所診，是現代醫學所知的腦瘤，但是曹操認爲他蓄意謀殺，予以處死。

華陀自知不免，就把終身醫術筆記傳給好心的獄卒，以免失傳。獄卒攜回家中，他的老婆說：神醫華陀也因醫術被處死，你學來做什麼？就把醫書燒掉，獄卒搶救不及，只留得閹雞之小術，流傳至今。

舊日有閹雞所在鄉村到處接生意，他只用簡單的塹刀，像刻木用的，把公雞按倒在地，也不消毒，一刀扎進雞腹，也不流血，就開了一道裂口，把公雞的睪丸取了出來，不流血，他把傷口一壓，就合了口，也沒用消毒藥紗，那公雞馬上就起來跑開，眞是神乎其技。閹公豬情形大略如此，較爲複雜。由此推想，神醫華陀當年的醫術，應是可以剖腦取瘤的，三國時代的中國神醫醫術，領先全世界兩千年，可惜曹操把華陀殺死了，使中國偉大醫術失傳。

華陀仁心仁術，他大可以只給一點止痛藥給曹操，何必直言開刀？把自己送死？

曹操多疑，早年他逃難，被陳姓人家招待，他看見陳家磨刀，他就先下手把陳家一家五口先殺死；才知陳家磨刀是要殺豬供養他。由此也可見曹操爲人之一斑。

至於他因妒才而借題殺死名士楊修，那就不是大事了。

82「趙雲與張飛」

三國演義書中，劉備手下有五虎上將：關羽、張飛、黃忠、趙雲、馬超。最受敬仰的是關羽，其次是張飛。

張飛是一員莽將，非常豪邁魯莽，濃眉圓眼，黑面虬髯，魁梧長臂，威風凜凜。

趙雲是面如敷粉，英武超群。

這兩員上將，在長板坡合演了驚天動地可歌可泣的一場撤退大戰。那是劉備兵敗，被曹兵與吳兵合擊，退出益州，帶了數十萬難民，狼狽奔逃。

劉備已經在關羽保護之下先逃，他的糜氏夫人懷抱尚在襁褓的兒子阿斗，座車陷入泥沼，被困沼中。曹兵漫山遍野而追到，趕殺難民。糜夫人抱嬰待斃，危在瞬息。

張飛帶兵守住長板橋頭，不見糜夫人來到。趙雲押後，回馬闖入難民潮中找尋糜夫人與阿斗，遇到敵兵數萬追來。趙雲救主心切，奮不顧身，闖入敵陣，丈八長矛殺出血路，找到夫人母子被困泥沼之中，敵軍正要予以殺害，趙雲奮身救主，殺退曹軍，要扶夫人上馬逃生。糜夫人說將軍無馬何能征戰？只求將軍把稚子帶出生天，妾身死亦無憾。她把孩子交給趙雲，言畢她就投入沼中滅頂而亡。

趙雲抱嬰孩阿斗綁在胸前，騎著白馬，揮著長矛，敵軍已如潮湧至，趙雲殺敵無數，左衝右突，半天之久，終於殺出重圍，自己也受了傷，所幸嬰孩平安，在他懷中熟睡；趙雲趕到長板坡，張飛也迎上來救援，叫趙雲抱嬰先逃，他自己站在橋頭，面對敵軍。

曹兵進到，看見張飛威猛凜若天神，橫矛大喝一聲：「吾乃燕人張翼德是也。」

曹軍膽爲之碎，不敢再進逼，折回去了。趙雲得以懷抱幼主安然撤退，將孩子交給劉備。劉備把孩子往地面一扔，罵道：「爲你這孺子，險壞我一員上將！」趙雲跪地大哭，再抱起幼主，那時他一身都是殺敵的血漬，也受了重傷流血。

趙雲的忠勇，百萬軍中護幼主，是三國演義之中最有人情味的故事，千古共仰傳誦，世人稱「趙子龍一身是膽」，由此而來。

趙張兩員虎將合作無間，長板坡一役，最顯其忠勇。但是他們的英名，遠不及關羽之盛大。後人建關廟，無處不有，卻很少建廟奉祀趙張兩將。四川白帝城附近，有一座張飛廟，長江建壩後，此廟被拆除了，不知遷往何處？趙子龍沒有廟宇，只有在劉先主廟內執戈侍立。

阿斗長成後，繼位爲帝，卻是個昏君，昏庸無用，信用宦官，終於亡國，投降給魏帝曹丕，魏主把他軟禁於魏京，問他思蜀否？他說「此間樂，不思蜀！」「樂不思蜀」成語源出於此。「阿斗」也成爲無用之人的代名詞。後來他還是被曹丕下令酖殺。有人說，阿斗是當年被父親摔壞了腦袋的。

83 「管輅的神算」

中國人奇才異能的人眞多，現代中國人很多神算之士，三國時代的神算大師也不少，最著名的當推管輅。

三國演義說管輅精於射覆之術：射覆就是測算被蓋起來的物件。演義說，管輅算出覆蓋在碗中的東西是燕卵；燕子的卵，可眞難猜，他眞有一套。

演義沒說他是用什麼方法計算，不過，可以猜想他可能運用的是：大六壬，或紫微斗數，加上他的敏銳的直覺。（現代稱爲第六感）

演義說，有一少年人是個孝子，上山採薪，供養父母，遇到管輅，爲之一卜，說他爲壽不永，數日必亡，念他是孝子，指點他求生，叫他到深山去，看見有兩人對奕，一人穿紅袍，一人白袍，就奉上美食美酒，向之求壽。

孝子依教登山，果然見到紅袍白袍兩老，正在下棋，孝子就奉酒奉果，兩翁接受，繼續下棋，到下完一局，才問他有何要求，孝子跪求賜壽，以免父母餓死，兩翁就取出生死簿，在孝子名下添壽。原來一個是南極仙翁，另一個閻羅王。

此一故事，被很多人採用，有很多版本，相信都源起於神卜管輅。

管輅的神算神卜，極可能是以易數爲基的大六壬。古代文人很多通曉六壬，常常相聚做射覆之戲，大家用六壬神算來算出覆蓋的物事，名著「鏡花緣」一書中，作者李汝珍就以其精通的大六壬術數來占物，假託衆才女之名而猜物件。他也不藏私，在書中假借一才女之口，教人如何占算大六壬，怎樣是地盤，怎樣是天盤，什麼朱雀什麼玄武，怎樣算出物事的性質與數目……挺好玩的。大六壬熟練，可以不用筆算，只須掐指一算就行，當然，現代用電腦一算，比較更快更準，專業者已經推出「電腦六壬」來算命了。

84 「楊貴妃與安祿山」

中國古代帝皇多有亂倫之爭，唐高宗娶了亡父唐太宗的妃嬪武則天爲后。在高宗死後，武氏自立爲帝，成爲中國歷史上唯一的女皇帝，改國號爲周，年老才歸政兒子唐中宗，到了孫子唐玄宗，又發生扒灰的醜聞。

唐玄宗不顧倫常，強要太子壽王之妃楊玉環，封爲貴妃。三千佳麗，寵愛都在楊妃一身。白居易大詩人所作「長恨歌」，就是諷嘲玄宗與楊妃。

楊貴妃她能歌善舞，玄宗喜歡歌舞，設立「梨園」，養有樂工舞姬數百，楊妃與梨園子弟及舞姬，創新歌舞，玄宗自作曲譜音樂，使之演出。當時天下太平，國政簡平，玄宗得以盡情享受。國政悉交託楊妃從兄楊國忠處理，他自己不問政務。

楊國忠並非楊妃親兄，乃是楊父的養子，楊貴妃得寵，楊國忠得以拜相，僭權貪墨，玄宗不問，楊妃縱容，史家多謂楊妃亂政，但是後世考證楊妃無權干政，只是國忠弄權。

楊貴妃到底有多美麗？大詩人李白，奉詔陪宴賞月吟詩，讚美楊妃：「雲想衣裳花想容，會向瑤台月下逢，借問漢宮誰似得？可憐飛燕倚新妝。」

李白把楊貴妃形容爲瑤台仙子，花般美麗，漢宮有誰可比？只有楚楚可憐的趙飛燕新妝可比。那時代衆心屬於纖腰掌上可舞的趙飛燕爲第一美人。李白的馬屁詩句就拿趙飛燕來比楊妃，也可見楊妃並非世傳之肥胖婦，而是瘦腰輕盈的美人。俗傳燕瘦環肥，可能是白居易長恨歌句子「春寒賜浴華清池，溫泉水滑洗凝脂」所誤導，以爲必是胖婦才洗凝脂。其實，楊妃若是胖子，怎會被唐明皇獨寵專房？壓倒後宮三千佳麗？可能是楊妃體態有些小豐腴，不過斷無可能肥胖到像歐洲中古時代油畫的胖婦，更不可能想像舞男捧舉胖婦跳芭蕾舞吧？

楊貴妃善舞，必然體態輕盈，否則李白也不敢亂捧她是趙飛燕。否則，亂捧不會被砍頭嗎？大詩人李白竟要寫拍馬詩，眞可憐，可是身在宮中皇帝威嚴之下，他怎敢不寫拍馬詩？這也是文人的悲哀啊！

以詩而論，李白這首清平調寫得還不錯，卻不是他的傑作。但比他那首「桃花潭送別」好得多。大詩人也偶有劣詩，令人不解。就是所謂人情酬酢之作吧？多少有損他的英名。

楊貴妃最著名的舞曲，就是霓裳羽衣曲，很可能是披著透明的七彩羽紗而舞，曲子是玄宗特別爲她而作的。楊貴妃像仙女般輕盈旋舞，傳說她帶領唐玄宗到月宮去，在月宮上舞給他看，傳說那是廣寒宮。事實上，根本沒有廣寒宮，除非她是乘坐火箭太空船，才去得月球。這可能性不太大，最大的可能是，她在唐宮內佈景了一座廣寒宮，弄些瓊樓玉宇，桂花牡丹芙蓉和荷花水塘，在那宮中歌舞以娛君王。世俗稱爲「唐明皇遊月宮」。

京戲中有「貴妃醉酒」一劇，楊貴妃賞月，飲下美酒而薄醉，在月下歌舞，這是文學大師齊如山老先生早年在北京特爲梅蘭芳撰寫的名劇之一，梅蘭芳因演出此劇與「霸王別姬」而成名，在「貴妃醉酒」劇中的舞姿身段，至今仍爲人稱道，可能當年的楊妃也是以此舞而迷住了君王吧！

楊貴妃陪玄宗在宮中接見外臣安祿山將軍，引起後世文人不少猜測，認爲楊妃與安祿山必有一腿，戲劇小說都如此寫。宮中有那麼多警衛隨侍，外臣安祿山如何得機會與楊妃私通，極爲可疑，不過，傳說安祿山是個偉丈夫美男子又年輕（其實已中年），唐玄宗是個年老的皇帝，楊妃私會禁衛軍隊長安祿山，也合乎人情之常。此事眞假難測，姑妄聽之吧。俗傳安祿山因奸情洩露而反，逃出唐宮，帶兵入侵，要搶玄宗的江山與楊妃，唐軍大敗，被鮮卑族的安祿山追趕到四川馬嵬坡，三軍抗命不進，發生兵變，逼使唐玄宗下令絞死楊貴妃及楊國忠於馬嵬坡，才肯保護他撤退。

白居易長恨歌說：「宛轉峨眉馬前死，君王掩面救不得。」

民間另一說是被絞死的不是楊妃本人，而是替身宮娥，化妝爲楊妃受刑。楊妃本人已經祕道逃走，隨道士逃到高麗，又去了日本，至今日本和歌山有一座楊妃墓，傳說就是楊貴妃，成爲遊客景點。

又一說，楊妃得道士帶走，經日本堪察卡列島，抵達阿拉斯加的上狄亞島，老死於彼處。該處曾有古代中國道士祕密道場，收藏楊妃。白居易長恨歌：「忽聞海外有仙山，山在虛無飄渺間，其中綽約多仙子，中有一人字太眞。」又說：「臨邛道士鴻都客，能以精誠致魂魄。」道士到了海外仙山見到楊妃，她託他把金鈿帶回給玄宗：「但教心似金鈿堅，天上人間會相見。」

這兩說都以白詩爲依據，是否有其事呢？只好存疑吧！但不能排除可能性。

85 「三寸金蓮」

世人以爲中國婦女自古就纏足。

中國古代婦女並不纏足，而是天足，是到了南朝，陳國的皇帝陳後主提倡婦女纏足，選妃納姬以纏足越小者爲美，妃嬪宮人纏足細小如錐，步行困難，搖曳生姿，十分可憐，卻引得陳後主淫心大動。他把淫欲快樂建於婦女纏足的痛楚，其心可誅。陳後主的荒淫無道，史不乏書，民間紛紛逼女纏足，就是陳後主的荒淫影響，從此婦女飽受纏足之痛苦，直到二十世紀民國成立下令禁止纏足，也仍見到那些纏足不能行走的老婦人。舉步維艱，日軍侵華不知蹂躪殺死多少纏足無法逃難的婦女。

唐朝詩人杜牧名句：「商女不知亡國恨，隔江猶唱後庭花」就是指的陳後主的荒淫風氣帶到了秦淮河。艇妹不知亡國之恨，還在江上唱陳後主所作曲「玉樹後庭花」，此曲名到了後世另有寓意，成爲同性戀的別稱，但當初陳後主確因後園的玉樹開花而作此曲，或者也有可能含有同性戀的成份，古來君王多半是男女兼愛的。

陳後主荒淫愛看纏足小腳，流寇張獻忠比他更荒唐。張獻忠殺到各地，下令拘捕婦女，供他與官兵奸淫之後，將小腳砍下來，堆成小丘金字塔，把最小的纏足金蓮置於丘頂，作爲欣賞。

西方女子穿的高跟鞋，有些高達十寸，女子的腳彎屈站在鞋中，舉步困難，臀部隨之搖擺，衆以爲美。其實那種痛苦，亦與纏足相似。芭蕾舞鞋也很似纏足，別看舞星豎起腳尖，舞姿輕盈，有如飛仙，都是從小被屈撓才成功的姿態，也跟纏足差不多。

趙飛燕與楊貴妃的舞，很可能類似芭蕾舞，是豎起腳尖跳的，西施在響廊上跳的可能是踢躂舞。

傳說清末名士辜鴻銘喜歡把玩小妾的纏足小腳捧嗅其香，此說無據，或是厚誣。但可見到了清末民初，還有嗜愛纏足小腳的風氣。

纏足小腳行動困難，但也有例外，清末廣州的武林名人方世玉，他的母親苗翠花就是纏足小腳，但是她在擂台比武，竟以三寸金蓮飛腳踢倒了武林巨霸雷老虎一報他打傷世玉之仇。苗翠花以纏足三寸金蓮打敗彪形大漢雷老虎，爲人津津樂道，可能踢的是連環腿，她可能是詠春門下弟子，可能與後世的李小龍的三腳相似，以迅雷般動作出其不意打垮敵人。

86「隋煬帝與大運河」

隋煬帝被稱爲中國歷史上著名暴君之一，說他荒淫無道，横徵暴歛，開鑿大運河，以致民不聊生。

其實大運河並非隋煬帝首先開鑿，早在春秋時代，吳王父子兩代已經開始濬通蘇州南至杭州，北向太湖無錫一帶的運河，以利水路運輸，以免海運風險。隋煬帝只是驅役民工開鑿揚州通往長安的運河，和北上至北京的河道，使大運河成爲內陸水運之網，對於貨運交通，有很大的貢獻。大運河歷經千年，至今仍能發揮航運功能，隋煬帝功不可沒。

一般史家都大力鞭撻隋煬帝，指他殘酷無道驅役百萬勞工開河，死於苦役者數以萬計，說他的殘酷，可比秦始皇徵伕築長城，把他與秦始皇並列爲史上兩大暴君。

他們不錯都是暴君，但是對於後世的貢獻，實非那些腐儒所知。若無長城，中原老早被匈奴所征服了，若無大運河，江南與北方及河南的水利與貿易怎有繁榮？

大運河並不寬敞，大約只有十公尺的平均寬廣，只可供木船三數行列航行，而且河水很淺，兩岸有縴道石路，由縴夫拖船前進。由於河水並不急湍，縴夫比長江黃河的縴夫輕鬆得多。當年大運河完成時，隋煬帝曾親自來揭幕首航，由上千的美女拉縴於兩岸柳蔭之下，龍舟緩緩而行，管樂歌舞，盛況空前。

隋煬帝此舉，被評爲荒淫奢侈無道，其實，大運河開航，舉行一些慶祝活動，美女拉縴，與民同樂，也很符合現代商業宣傳原則。現代的河道通航，不也有很多宣傳噱頭嗎？至於他的荒淫奢侈，是另一回事。後世比他更荒淫無道的人多著呢，他把運河各段連結起來，使南北漕運暢通，功在千秋，功大於過。說到工程害死工役，那一個工程能免？現代的許多大工程，不也常有工人遇難嗎？

港片「大運河」只反映隋煬帝的荒淫奢侈，並沒有演出千名彩衣美女兩岸拉縴的大場面，更無反映漕運盛況，只是叫演煬帝的演員不斷喝酒和追逐美女。

87 「王陽明的無明」

王陽明（王守仁）是明代的名臣，是著名的理學家，崇尚儒教，首創「實踐」學說，倡言「誠意正心修身齊家治國平天下」，他而且還是一個軍事學家，這位儒將，平定了多次內外大患，包括平定了當時猖獗的白蓮教之亂，一般人都知王陽明是個學問大家，很少人知道他原是一位軍事家。

白蓮教起源於北方民間迷信結社，信徒拜彌勒佛，稱爲未來佛，是接替現世佛的。他們以白蓮爲名，其實與廬山的白蓮社無關。白蓮教的活動，起先只是拜拜神佛，祈求平安，後來由於明朝政治腐敗，橫徵暴歛，民不聊生，災禍頻仍，災民與饑民紛紛投入白蓮教，滙成巨大勢力，因而造反，竄擾各地。明廷派兵進剿無功，後來由王陽明領軍才平定。

王陽明剿平白蓮教，凡有與教者，均視爲妖人而誅殺，被誅者往往株連家族無數，死者以萬人計。王陽明的理學名聲太大，掩蓋了他的黨誅暴行，當然也是明帝的旨意，不能全由陽明負其全責。後世對於王陽明的崇拜，無以復加，台灣台北近郊的草山，被易名為陽明山，有所謂陽明山革命實踐研究院，當年的領袖，一生最崇拜兩個人，一是王陽明，另一位是曾國藩，什麼都以兩人為榜樣示範，所以到處都以陽明為名。當然，陽明剿滅白蓮教殺人無數，曾國藩剿滅太平天國血洗南京，這些負面的歷史，是不會有人提及的，戰爭本來就要殺人，殺人是正常的，不是嗎？

陽明剿滅白蓮教之後，又剿滅了白蓮餘孽徐鴻儒。徐是一個儒生，考功名失敗，在山東家鄉半耕半讀，平素喜歡研究機械，曾經用竹木與布匹，做成大鳥形的滑翔飛機，可以載一人或兩人，迎風起飛，可以翺翔於高空，飛越山河，瞬息百里；徐鴻儒與徒衆，駕駛此一滑翔飛機往返千里，一日可還。

徐又發明可在室內書桌一張白紙，可以現出室外遠近景物人物；來人未到，已先顯影。這是原始的閉路電視，他又設造了千里可以通話的機器，還有可在黑夜自動發光照明的電石手棒，他又設計潛水小艇，可以載人到海底觀魚。

王陽明收到告密，認為徐某師生是白蓮教餘孽妖黨；他領兵去攻剿，說找到徐某滿屋是紙人紙馬，撒豆成兵，即將造反，乃將徐某以妖人造反之罪，予以凌遲處死及誅滅九族，明帝予陽明特獎升官。

徐鴻儒家中的紙人紙馬，其實是兒童學生的折紙玩意兒，竟被陽明指控爲造反的妖術兵馬！一代大儒，平素主張格物致知，不亞朱熹，怎麼對於徐鴻儒的案子就如此不格物？明史只說陽明剿滅白蓮餘孽妖人徐鴻儒，語焉不詳，野史才有那些細節。

徐鴻儒若不伏誅，中國人在明朝就會造成飛機，甚至火箭導彈太空船，假如陽明多下些功夫去格物，不殺死徐某與徒衆，也許就把中國的航天與電視電腦早都發明出來，領先世界啦！

能乘大鳥飛行千里，能不持火把而照明夜行，能給室內白紙可見遙遠人物，這些在陽明看來，不是白蓮妖人是什麼？

88「梁祝疑案」

「梁山伯與祝英台」故事，風靡了中國數百年數十年前的名片，周藍萍作曲的改良黃梅調，悅耳動聽，風行了半個世紀，三代同樂，世界影史上，沒有那一部電影可以如此紅通半世紀，配曲唱了又唱百聽不厭。凌波扮演的梁山伯，風流儒雅瀟灑無比。樂蒂扮演的祝英台純情秀麗，眞是古製美人，無人能及。

故事、劇情、歌曲、明星、導演、彩色，都是一流，無懈可擊。故事的本身，卻有很多疑點。

首先，祝英台的父母，怎麼會讓她化妝爲男生遠行？古代女子怎敢如此遠行去讀書？更不可能如此大膽與男生梁山伯同住。

梁山伯怎會看不出祝英台是個女子？除非祝英台是個「男人婆」，太像男生。就算是男人婆，她也有喉核呀，她也沒有鬍鬚呀！她的胸部雙峰會挺起來呀！

祝英台與梁山伯同床共寢三載之久，梁竟一些也不發現她是女生，太不可能！兩個男生睡在一起，不會互相碰到？不會親近？問問那些當兵的，睡大舖的經驗，怎麼可能互相保密守身？兩個男生睡在一起，不發生親近？不發現對方身體？不搞同性戀的性行爲？倘若梁山伯發現身旁睡的是女生，他能做柳下惠？不是暗渡陳倉，就是霸王硬上弓啦！總之，梁山伯不可能同床三年也不知道枕邊人是男是女。

現代的父母，敢不敢？放不放心女兒化裝爲男生，去與男生同床共寢？古代的父母更無此可能。

有人考據，根本無梁祝兩人，完全是虛構的。又有人考證，有同此兩人名字，但兩人都是男生，而且不同朝代，一個是南北朝時代，另一個是明代，這兩人怎麼可能相遇？梁祝故事就相當於張飛大戰程咬金，一個是漢，一個是唐。

戲曲中，男妝的祝英台笑梁山伯是「呆頭鵝」「大笨牛」，又說假如是女紅妝就要與梁兄哥拜堂入洞房。這麼多明顯的明示，那呆頭鵝還是不悟？還說：「賢弟太荒唐，兩個男子怎拜堂？」

實在情況，梁兄哥老早就會抱住祝賢弟摟一團，甚至打滾，這在男生同學之間是常有的事，梁祝能免嗎？恐怕老早成了好事啦！

還有，梁祝二人，怎樣上廁所？怎樣洗澡？難道都是分開輪流？還有，如何換衣？祝既冒充男生，當無理由拒絕梁生一同生活起居，如何處處提防被識破？

梁祝分手，祝叫他到祝庄來求婚，梁見到女妝的祝，竟會認不得？下了聘禮，卻又不從速來迎娶，以致祝被父母嫁給馬家，自殺而身亡，梁趕到傷痛欲絕，哭倒在墳上，墳裂開呑沒了梁兄哥，與祝雙化爲比翼蝴蝶而飛去，墳上出現了連理枝。

黃梅調唱到「化蝶」，觀衆無不落淚，這眞是哀艷絕倫的愛情大悲劇，實在不輸給莎士比亞的羅密歐與茱麗葉。

實在說，莎氏的悲劇也是不合情理的，羅密歐怎敢戴上面具混入世仇家族舞會？又愛上首次見面的仇家之女茱麗葉而攀牆幽會？毫無基礎的愛情，竟鬧到以死相殉，全不合理！

拔劍殺了仇家子弟之後，亡命的羅密歐逃往教堂，神父給服毒藥僞爲死亡，等待女方趕來，一同逃亡，但是茱麗葉來早了，發現情郎已死，她就拔刀自殺倒在他身旁。此段尤不合理！女方來到教堂，怎麼沒有神父陪同進墓室？怎會不將僞死眞相告知？任由她自刎殉情？男方醒來，見女方已自殺身亡，他也立即拔刀自殺。

虧他還是名家，莎氏的這個悲劇，全不合理！而且幼稚得可笑，悲劇變成喜劇，只好騙騙小孩子。其可笑程度，比梁祝還有過之無不及！

不過，論音樂論演技，兩劇都是一流，就當作欣賞神話故事的音樂好了。

少男少女不知人生愁滋味，看看梁祝與羅密歐，心頭興起初戀痴情的興奮與悲傷，也是一種享受。等到年過中年，恐怕就流不出同情之淚了。老婆婆們看一百次梁祝，流一百次老淚，大概是回歸少女時代幻想吧！也是異數！眞正感人的是作曲，不是故事。

89「花木蘭從軍」

花木蘭是古代中國傳說中的女英雄，其事蹟是由「木蘭詞」長詩而廣傳，這首敘事長詩說木蘭是她父親的唯一女兒，父親沒有兒子，父女相依爲命，木蘭以織布維生孝養父親，家境貧窮。

本來日子就非常艱苦，忽然朝廷下了徵兵令，徵集民兵去北方邊境打仗，花老伯已經年邁，總有七十多歲吧？也還是不能免役一樣被徵當兵。

孝心的木蘭不忍老父以老邁病弱之身戰死沙場，卻又無法得免除兵役，爲了救老父，又爲了遵守國家命令，她把頭髮剪短，化裝爲男子，買了刀劍與馬匹，辭別老父去軍營報到，代父當兵。

木蘭辭是一篇很優美很感人的詩歌；不過故事未必可信。它說木蘭代父從軍，無人識破她是女兒身，在軍營戍邊十九年，同袍都不知她是女子。直到役滿，解甲歸田，換上女裝，同袍的好友方知她是女兒身。

中國自古已有類如保甲制度和戶籍登記哪家有役男適齡，都有登記，兵役處怎會徵召七十老翁上前線？設或兵役處大擺烏龍，弄錯了把花老伯強徵去當兵，見到面，是個年邁衰弱的老頭子，會接受他嗎？可能當時邊境有外敵入侵，軍情緊急，兵役處見人就抓去當兵，可能把老人也抓去做運伕苦力，但不會叫他去上陣殺敵，或者叫他做伙伕煮飯，做雜役。

兵役能否代替？也是一個疑問，或者規定每家必須貢獻一個男子當兵，或者有錢人收買窮漢或乞丐去頂名代替，這些弊端，現代也有。但假定木蘭以男裝從軍，還要自備武器與戰馬，這就很奇怪了，姑且相信她確實是頂替老父姓名而去軍營報到。

木蘭男裝代父從軍，兵役處或軍營看不出她是個女子？古今從軍都必須在入營之時檢查體格，要脫光全身衣服接受體檢，古代也許不及現代體檢那麼嚴格，但是古代也不免要脫衣受檢，木蘭能免除入營體檢嗎？別說體檢，就是一開口答問，就已是女子嗓音，不是男聲，兵役處會不發現她是女子？

也許木蘭是個很男性化的女子，但是不可能完全男子化。多少總流露出女子神態，瞞不過人，就是瞞一時也瞞不久的。

說她從軍十九年，都無人識破她是女兒身，這就更荒唐了！在軍營中與伙伴一起生活，飲食在一起，作息在一起，沒有私人房間私人專用浴室與廁所，阿兵哥都是大伙在一處浴池脫光光洗澡的，木蘭怎麼可能十九年都躲在什麼地方不洗澡？她不脫，阿兵哥不會拉脫她的衣服？木蘭有月經來臨之時，如何避免被發現？軍營中無祕密，沒有男女分用的浴廁，阿兵哥彼此之間常有狎昵行爲，長得俊秀的男子也常會被性騷擾甚至強姦了，像木蘭這樣能逃過？恐怕老早就被人輪姦了。現代美加的女兵，不是很多在軍中被強姦成孕，向軍部控訴？

木蘭辭沒說木蘭武藝超群，也沒提她習武，她從軍如何作戰？她代父從軍，只是一個小兵，怎麼十九年後因戰功而做了將軍？榮歸故里，老父仍在，她恢復女裝，與軍中同袍男子結成連理，而那個大笨牛十九年都不知她是個女子，比梁山伯更笨！

總之，木蘭從軍是不合情理的傳說，若果眞有其事，可能她是參加娘子兵營，古代也有女兵成軍。

90「梁紅玉擊鼓退金兵」

宋太祖趙匡胤在微時，在流浪途中，遇見一個孤女獨行，問知亦姓趙，他就稱之爲義妹，護送她千里旅途去投親。途中照拂備至，毫無侵犯，義薄雲天，後世俗稱爲千里送京娘，可比關羽千里送嫂。

那是宋太祖的光明磊落一面，後來他投身行伍，漸而成爲將領，領兵戰敗周國，被將士予以黃袍加身，擁立爲天子於陳橋，旋即宣佈建立之宋朝，建都汴京。

做了皇帝之後，他的義氣一面消失了，他把軍權將領請來宮殿飲宴，宣佈削除他們的兵權與官職，把他們遣散，以防他們造反，這就是最有名的「杯酒釋兵權」故事。

到了民國時代，抗日戰爭剛結束，領導人就倣效宋太祖杯酒釋兵權，把國軍百萬遣散，解甲歸田，造成嚴重的失業情況與人才他投，紛紛投向延安，成爲不久國軍慘敗的主要原因之一。

宋太祖削除了部衆兵權之後，宋軍日漸減弱，國防力量無力抵抗北方南侵的遼國與金國，到了宋徽宗，重文輕武，政治腐敗，金兵南下，攻入汴京，徽宗已無可戰之兵，迷信方士，設壇作法，請天兵天將降臨解危。結果是，金兵攻入京城，大肆屠殺，並將皇帝父子擄去，押往金國爲囚徒苦役。

北宋已亡，九王子倉皇出走，途中被江水所阻（可能是小河），九王子大哭「天亡我也」，不料坐騎忽然飛躍渡河，到達對岸，趙九得以脫難，在臨安（杭州）登基，是爲高宗，南宋得以偏安一時，端賴岳飛與韓世忠兩位名將。

岳飛仍在襁褓之時，洪水爲患，岳母把他放在木盆內，在洪水中漂流，雀鳥紛來護衛，爲人所救。這段傳說，深入人心，很可能是雀鳥在洪水中以木盆爲歇腳，或者也企圖啄吃小孩，不過，衆信岳飛是天降神人，必有神祐奇蹟。

傳說岳母在兒子岳飛背上刺字「精忠報國」以訓示他爲國効忠，今人考據稱查無其事，說岳母出身貧寒，根本不識字，而且，怎麼忍心在愛子背上針刺文字？岳飛若有刺字，應該是在當兵初期集體刺字効忠，而不是岳母所刺，現代部隊不是常有指導員發起集體刺字嗎？古代當然也有。

岳飛是文武全材，所作「滿江紅」一詞，傳誦千古，極表愛國之心與悲壯豪邁。「怒髮沖冠憑欄處，瀟瀟雨歇，抬望眼，仰天長嘯，壯懷激烈，靖康恥，猶未雪，臣子恨何時滅？駕長車，踏破賀蘭山缺，壯志飢餐胡虜肉，笑談渴飲匈奴血，待從頭收拾舊山河，朝天闕！」

詩句中「壯志飢餐胡虜肉，笑談渴飲匈奴血」，壯志可嘉，但是又要吃人肉飲人血，未免太恐怖！很像是原始野人！

岳飛曾經領大軍北逐金兵，一直打到朱仙鎮，正圖向北直攻黃龍府（金國首都，今之瀋陽），卻被丞相秦檜十二道金牌，召他返京，把他父子兩人絞死於風波亭！舉世同悲！

秦檜因此被千秋萬世罵爲奸臣。其實，他只是仰承宋高宗旨意行事，宋高宗不願岳飛征服金國把兩代皇帝迎回來，使他無地可容必須退位，因此令秦檜召回岳飛予以殺死。

名將韓世忠質問秦檜：「岳飛有何罪？」

秦檜答曰：「莫須有！」

莫須有罪名，從此成爲俗語，從此語也看出秦檜是仰從高宗之意而殺岳飛父子，秦檜主和，不主張與強大的金國作戰，世人稱之爲漢奸，後人在西湖岳墳前設置鐵鑄秦檜夫妻跪像任人便溺唾罵，秦檜的後人子孫不久之前提出抗議，說祖先受辱已太多，不應再長此以往。到底有沒拆除跪像？未有近說。

韓世忠是與岳飛齊名的抗金名將，韓世忠比岳飛較爲圓融，不敢開罪秦檜，得以苟安於朝廷。岳飛被殺之後，宋軍退守臨安，不敢北伐，韓世忠負責防務，只求無事。

金兵由太子兀朮領軍南侵，兵壓江南，抵達蕪湖一帶，韓世忠在黃天蕩的沼澤地帶設防誘敵深入。黃天蕩之戰，金兵若勝，即可長驅兵臨杭州滅亡宋祚，此役是宋軍生死之戰。

韓世忠微時，在蘇杭一帶，出入青樓，邂逅名妓梁紅玉，喜其識詩書，娶之爲妾。從良後的梁紅玉，協助丈夫處理軍務，研學兵法，訓練士卒，頗有建樹。

黃天蕩之役，韓世忠與夫人梁紅玉率軍佈陣，引誘金兵深入沼澤，梁紅玉在高地上擂鼓，以鼓聲傳播信號，指示所見金兵動向，又以燈號指揮宋軍進退攻敵，韓世忠得此耳目及指揮，將金兵誘入沼澤湖泊中，予以殲滅，而且幾乎俘虜了金國之師太乙兀朮，受了重傷的兀朮僅以身免，逃回關外，從此不敢再犯宋境。這是金宋的最後一次殊死大戰，南宋得以苟延殘息，論者謂是韓世忠與梁紅玉之功。

京戲「梁紅玉擊鼓退金兵」，是有名的武戲，梁紅玉率領女兵，身穿盔甲，手舞矛槍，背插令旗，威風凜凜，擂鼓震天，兵勇吶喊，十分壯觀。歷史上的梁紅玉，投身戰場，想必也身穿盔甲，領兵作戰，雖未必居於第一線，也必居於高處擂打大鼓發出號令指揮宋軍，京戲的場面，恐未必足以形容。梁紅玉熟諳兵法，以鼓聲，燈號，火炬，旗語來指揮軍隊作戰，實在不輸給古代的任何名將。一個不幸淪落風塵的女子，竟能如此愛國又參戰衛國，眞是了不起的奇女子！可惜當時因兵力不足，她不敢冒險領兵窮追兀朮，只能保住南宋的江南，也就名傳千秋啦！

韓世忠與梁紅玉後來年老退隱，南宋不久也就被蒙古人所滅亡了。

91「狸貓換太子」

宋代宮闈最大陰謀案件，是狸貓換太子，是包公案之中最精彩的一案。

傳說宋仁宗的李妃懷孕，產下一個男兒，卻被陰險的妃子命人用一隻狸貓死胎來換走了孩子，硬指李妃生下妖怪狸貓，李妃因此被貶冷宮，後來逃出宮外，流落在鄉村土地小廟，日夜哭泣，變成一個瞎眼老太婆。

包公訪知此案，就查審當年奉命換嬰的太監郭槐，可是怎麼也不能使他供認，於是包公夜審郭槐，半夜裡，把郭槐帶到城隍廟，讓他看見夜叉鬼卒牛頭馬面和寶座上的閻羅王，又讓他見到當年畏罪上吊身亡的宮女寇珠披髮流血來向他索命，黑暗中鬼影幢幢鬼聲恐怖。

太監總管郭槐在這陰森的閻羅殿上，終於供認出當年如何用死狸貓換了太子，然後燈光復明，所有的鬼卒都是包公的隨從化裝扮演，閻君也是包公扮演。

包公下令用狗頭鍘殺了郭槐，將婆婆送回皇宮，向皇帝說明這是他的親生母親，龐妃並非他的生母而是主謀狸貓換太子之人，仁宗才知生母是李妃。他於是貶了假母龐妃，改奉李妃為太后，母子團聚，相擁而泣，包公因判此案而名震天下。後來在開封府任龍圖大學士任內，破了很多奇案，更顯名聲，世稱鐵面無情包青天，成為古今名判模範，中國各地都有包公廟供奉他。

民間深信雖有「狸貓換太子」，但正史未見提及，只有私人筆記有述，也有人提出疑點，皇妃產子，必有許多太醫與僕從在旁侍候，怎有空隙可容龐妃派郭槐偷換嬰兒？難道都能瞞過那麼多侍從人員？龐妃一向未孕，如何突然將嬰兒冒稱是孕生？

京戲演狸貓換太子，各處地方戲也演，都演得十分精彩感人，叫婆婆媽媽們涕淚縱流，粵劇的森羅殿佈景與化裝最為恐怖。

舊式章回小說「七俠五義」也看得不忍釋手，比現代的武俠小說精彩多了。現代武俠小說，都是飛來飛去的女俠，好多個女俠死追一個帥哥，談情說愛，肉麻兮兮，千遍一律，令人生厭！

92「佛圖澄、葛洪」

司馬昭之心路人皆知，人人知他要滅漢稱帝。

司馬昭建立了晉朝，尊其父司馬懿爲高祖皇帝，他自立爲武帝，大封宗室，分據要津，各自爲王，權力很大，乃有後來八王之亂。

八王之亂鬧了多年，平定之後，晉代興起清談之風，文人學士與士大夫，流行茗茶清談，倘佯山水亭園，享受清福，不談政治，只談理學玄學，一時蔚爲風氣。清談而不實踐，被認爲清高，其中名士阮籍等七人，稱爲竹林七賢，有識者評爲「清談誤國」，亦有人認爲始創理學之門，開風氣之先，成爲後世宋朝的理學家朱熹等人的先河。

與清談同時興起的是神仙之學與陰陽之學，風水之學，當時的名家以郭璞爲主。他著作很多，寫了「神仙傳」等作品，又有淮南王及其徒衆的筆記「淮南子」，都大談神仙與怪異現象，其中不少記載「不明飛行物體」（UFO），又有葛洪著作「抱朴子」多談修仙之道。葛洪原在廣東南部羅浮山修道，被稱作葛仙翁，傳說他白日飛升而仙去，可能是

UFO來迎接或乘坐直升太空機而去。總之晉代中葉以後，神仙傳說就多起來了，那些故事記也記不了那麼多，又有煉丹汞道術。

佛教東來，始於東漢明帝之一夢，明帝夜夢金光飛人，醒問群臣，對曰西方有金人名曰佛，於是明帝派人赴西域尋找金佛，但是所得有限，到了晉代，才有佛教小乘僧人經由絲綢之路傳入中土，其中著名者爲番僧鳩摩羅什。他略知漢語，到長安授徒，著名者爲道安，此人原是學者，文字極好，他筆受鳩摩羅什所講四十一章及金剛經等佛語，譯爲漢文，是爲佛經漢譯之始，佛教思想由此進入中土，滙合固有道家觀念與佛家思想，使清談之士大增智慧，清談摻入談禪，越談越清高，大家都不願工作了。

與佛教思想同來的，還有佛教的神通異僧，其中最著名的是佛圖澄，他先後來華多次，以其幻術神通得寵於朝廷及諸侯，甚至還以國師身份襄助秦王作戰，呼風喚雨，飛沙走石，百獸狂奔。他去世之後，有人在途中見到他，秦王聞報下令開棺，發現只是空棺，並無屍首，只有一隻僧鞋。於是大衆認爲他是用神通化去，佛圖澄所傳法與鳩摩不同，佛法不尙神通，顯宗佛教尤忌言神通，佛圖澄卻專弄神通，可能是密教。他的神通可能只是魔術，扮死進棺，稍後破棺逃出，故弄神通。可是對於中土的影響很大，信他的比信鳩摩的爲多，他的神異故事，自然也成爲清談的話題了。

後世的瑜珈行者，頗能入棺埋土，久而仍活，或只留空棺，又能搬運食物，可能佛圖澄是瑜珈行者吧？

今仍流通的金剛經，是鳩摩羅什與道安合作的譯本，譯文簡潔，但是似乎缺少了一些經文，不如唐三藏玄奘的譯本詳細，論者而且認爲玄奘的譯本比鳩摩版本更爲精確優美，但不知如何，不及鳩本的廣受歡迎。

佛圖澄來華，大弄神通，影響了後秦的軍政，也開創了中土佛教的神通層面，否定了空宗戒避神通之風及顯教不尙神通之訓，引起日後佛教的分裂，也吸引了較多的信徒，功過參半。

在南粵羅浮山的修道人葛洪，以高識知份子而投身修煉神仙道術煉丹辟谷，自成一派，也表現過不少道術神通，主張一人得道合宅飛升，吸引了很多知識份子投入道教修行，但是不同於張天師的道教，與茅山派大不相同。起源自江西茅山的一派，善於寫符唸咒驅神役鬼，葛洪則全不來這一套，他注重煉氣運功與宇宙合一，傳說他後來白日飛升成了大羅金仙，羅浮山景色優美，頗有仙境意味，慕名的遊客很多，絡繹不絕於途。

93 「文成公主與尼泊爾公主」

唐朝時代，吐蕃（西藏）國王向唐皇請求賜予公主通婚，以示友好。唐主於是遣派文成公主下嫁藏王，與王昭君不同者，就是，昭君是漢帝封的公主，不是宗室，唐代文成公主是宗室。文成公主由盛大護衛的護送，帶去豐盛的禮物與嫁妝，還有佛教文物，是顯宗佛教傳入西藏之始。

西藏初無佛教，但是有其原始宗教，稱爲「本教」，後來誤譯爲「笨教」實在非常不敬，簡直是侮辱西藏人，又有人稱「黑教」，說是西藏佛教之中的一支派，有別於白教、花教、紅教與黃教，其實本教並不穿黑衣，不應以黑色來分它。它也不是佛教的一個支派，它是藏人自己的宗教，原住民的本來的宗教，稱爲「本」教。不幸外界未深入研究，亂予分類。

西藏人有自己的文字語言文化，是一個自古以來的獨特民族，不屬於任何國家，他們自成一國，稱爲吐蕃，中土唐太宗曾借藏兵與突厥兵，助他打天下。華藏一向友好，是到了清朝，清帝派兵攻打西藏，兩國發生衝突戰事，清朝把西藏征服列入大清版圖。二十世紀又有華軍侵藏，指西藏爲中國領土。另一方面，蘇聯、印度、英國都先後企圖併吞西藏，武力薄弱幾等於零，西藏人介於周邊列強威脅之下，痛苦可知，尋求獨立，是藏人的夢想。近年由於中國傾力經濟與科技建設西藏，似乎漢藏關係已大大改善。中國的強盛，也阻嚇了周邊列強的侵藏野心。

文成公主在唐代和親藏王，貢獻很大，她帶去的是顯宗佛教。由於顯宗與空宗都反對神通，只重空觀與戒律，所以很難被藏人所信行。因爲藏人原奉本教，而本教不忌神通，對於教義也偏向「有」觀，注重生命福利與實踐，不談空哲學，不採取太不合人性的戒律，本教實在至今仍是藏人最通俗的宗教。

藏王迎娶文成公主同時，又迎娶了尼泊爾公主。這兩位公主信仰不同，文成帶來顯宗信仰，尼泊爾公主信仰密教，就傳入密教。藏王對兩位妃子的信仰都尊重，平等支持發揚，顯密同尊。但是由於藏人原信本教，民族性也較近尼泊爾，所以信密者多，奉顯者少。

尼泊爾公主從尼泊爾迎來高僧蓮花生大士，在西藏弘教。蓮花生體諒民情，把密教與本教融合，不禁婚嫁，准許葷食，准許神通，相信輪迴，信奉多神，不禁慾念，簡化誦經，創造手轉法輪及搖動法卷以代替太繁冗的誦念。蓮花生大士的革命性改革，符合藏人民生需求，於是發展很快，席捲全藏，成爲至今仍最普遍的藏密宗教。這是融和了本教與密教，加上民俗的宗教。相較之下，戒律過嚴的中土顯宗，雖有文成公主提倡，高僧弘揚，也免不了日漸衰微了。

蓮花生大士神通廣大，降服了不少邪魔，建立藏密基礎，在他以後，又有藏人密勒日巴出現，也是神通廣大的修行者，弘揚密教，居功厥偉，與蓮花生先後建立完善的藏密，後來各派別以其服裝顏色示別，乃有紅教、黃教、白教、花教之稱。大概蒙古一帶以紅袍袈裟的紅教爲多，西藏青海以黃教爲主流，白教分散各地，以綠袍爲識的花教則較少見，前藏布達拉宮與後藏日喀則，都是黃教。

拉薩已經漸漸進入現代化，可是布達拉宮仍是神祕，吸引全世界遊客與香客（應該譯爲普陀珞珈宮，因爲是觀音菩薩道場）。西藏高原空氣稀薄，外來遊客不少會患高氣壓之病，需用氧氣袋，當地大旅館都有售氧氣袋，最好備而無患。

94「粱武帝佞佛」

絲綢之路帶來對西方的貿易也帶來文化宗教交流。聖經舊約提到 SINA（秦國），舊約是開始於五六千年前的紀錄，可見五六千年或三四千年前已知有秦國。

西安大雁塔寺院有一座「景教碑」，傳說是晉代就有的，景教是基督的譯名，在中土，早期是稱爲景教，後來才稱基督教。看來它傳入中國的時間與佛教差不多，顯然都是經由絲綢之路駱駝商隊傳來。唐代君主對於各種宗教都能兼容，准予設寺立碑。

大雁塔的建築形式不是漢族而是古印度的，傳說玄奘在此譯經。大雁塔得名是因爲常有大雁飛來棲止。有記載說大雁塔上有雁觸跌墜於塔下，寺僧拾取烹而食之，可見那時候的出家僧人可以吃葷肉，把大雁做成烤鳩。

粱武帝佞佛，大力提倡吃素，應爲佛僧必須茹素之始。粱武帝建佛寺數千，供養僧人數十萬使成爲特權階級，他同時卻又横徵暴斂，重稅人民，使民不聊生。他只顧拜佛供僧，禁止殺生屠宰畜牲，尊敬貓狗，至於封官位，狗穿官服，乘坐官轎，有人抬轎，招搖過市，人不如狗，情形有些相似於日本古代的顯赫侯爵吉良上野介。在他的封邑內，凡是殺狗者都被他判死刑，狗兒錦衣乘轎，百姓必須跪迎狗轎，失迎者會被兵卒鞭笞。爲了信佛戒殺生，不准屠宰雞鴨豬羊，甚至不准打死蚊子蒼蠅，有犯禁打死蚊子者，被鞭笞及枷鎖示衆。佞信到了這種地步，比印度人拜牛更荒唐。

梁武帝又自己出家爲僧，名曰捨報出家，置國政於不理，全國紛紛造反，他終於被侯景攻入宮中殺死。他留下的是至今仍流行的絕對吃素與梁皇寶懺，是佛教經懺之中最大場面的儀典，不是一般中下人家所能負擔的。因爲儀軌使用的人力物力太大，時間太長，當年梁武帝每拜此懺，出動僧衆逾萬，消耗素果食品以萬千計，至少拜一百零八日夜，今世雖無此規模，但也往往出動數百僧衆，耗資累萬。

梁武帝信奉佛教，未走正信，陷入奢侈豪華，終致敗亡，不能視爲佛教之過，只是他個人的過失，引起後世反對佛教者以之爲藉口謗佛。

95「血漬經疑問」

武則天女皇帝信佛教，還自稱是佛，又自撰僞造佛經。在武則天時代，出現了不少如僞造的佛經與承她意旨的僞經，還好大多數都已失傳。

傳說有一部流行的「血漬經」也有可能是武則天的臣下所僞造的佛經，但事缺佐證，姑妄言之。

武則天將一個犯了法的大臣房勉，貶到廣州。傳說房勉是宰相房玄齡之孫，也是一個狀元出身的宰相，不知因何得罪了女皇帝而被貶羊城。在唐代，廣州是蠻荒邊陲之地，被下放到廣州是很重的放逐，永不得赦免返回長安。

傳說；房勉奉詔在廣州住在光孝寺內反省讀書，幾年後寫成一部佛經，據他自述，是廣州太守之女用乳汁洗去血漬的梵文佛經，據稱有天竺僧人從斯蘭卡乘船來粵，剖開腿股取出偷運而來的禁書「楞嚴經」（當時印度不准帶佛經出國），取出後已是血漬染斑，文字難辨。太守的女兒用乳汁浸之，洗淨了血漬，交請房勉翻譯為漢文，由於曾有血漬，世人稱之為「血漬經」。

在已知佛經之中，漢文文字之優美，經義的精微深博，無過此經，因此有人懷疑，此經可能並非譯本，而是房勉所偽造。

血漬經偷運來華，是竺僧從斯蘭卡乘海舶而來。他們把禁經分頁藏在大腿割開傷口之內，再予縫合，以逃過關員查察。旅途至少三個月，幾經風浪與炎熱，才到達廣州，取出後已被血漬染污。

疑點一是：大腿有多少位置可以藏經頁？剖開後怎不腐爛發炎？三個月的熱帶航海，不變成了「火腿」？

疑點二：取出血漬經頁，怎不腐爛？楞嚴經是很厚的經書，分頁要分好幾百頁，藏在大腿內？大腿是冰箱防腐？抑或用鹽粒防腐？傷口會自己癒合？僧人還能行動？若說藏在食道之內或胃內或谷道內，還較為可信。

疑點三：房勉認識梵文嗎？未聞他是梵文專家，他何能翻譯如此深奧的佛經？

疑點四：楞嚴經至今未找到梵文原版，房勉既稱譯自梵文，爲何不提供梵本？

推論一：房勉是個被貶黜的丞相，亟欲再得武則天赦免復職，他知武后佞佛又喜作僞，因此他僞稱爲得到斯蘭卡國寶楞嚴經，以他的佛學知識，僞作此經。所以漢文如此流利美妙，經義如此精妙。以他的文才及佛學知識，爲之綽綽有餘，他企圖呈獻此經而獲得武后大赦復職，後來果然如願。

推論二：房勉的僞作，必須有廣州太守父女相助爲之宣傳及作證，也需廣州光孝寺的長老與僧人相助相證，才可獲得武后深信。佛教爲何相助呢？因爲此經寫得精妙無比完全符合佛理楞嚴原意，佛教人士樂得支持。

民初學者如梁啓超與王國維，歐陽竟無等人，都有發表過對血漬經神話的看法，都認爲血漬經故事大不可信，對於經文也表懷疑。

血漬經故事雖不可信，譯文也可能是僞作，不過，楞嚴大義，毫無破綻，十分精微美妙。經義可信，就是眞經，何必計較血漬經神話？

96 「伶仃洋與澶之浦」

香港以西在珠江口，有一個海域名叫伶仃洋，有一個小島名叫伶仃島，從前是個荒島，沒人居住，如今逐漸開發，有漁村，有街市，周邊海域是漁區，魚產豐富。

伶仃洋與伶丁島，得名由來，傳說是由於南宋被蒙古軍兵所滅亡，帝皇全被元兵殺死，只有最小的太子被忠臣陸秀夫救出。另一忠臣文天祥以弱勢兵力死抗元兵，終於被俘。文天祥在獄中寫下「正氣歌」以明氣節，從容就義。陸秀夫攜帶九歲幼帝向南粵逃走，千辛萬苦，逃到了珠江口，從人散盡，斷糧無援，孤苦零丁。蒙古兵馬追到，陸秀夫身揹幼主，逃到懸崖邊緣，無可再逃，就揹負幼主跳崖，溺死在海濤之中，大海茫茫，葬身魚腹。當地村人哀之，從此稱爲伶仃島與伶仃洋，南宋從此滅嗣。

陸秀夫負幼主投海之事，悲壯慘烈，無獨有偶，日本也有類似事件。

日本西岸有地名下關，又名馬關，是介於本州與九州的關口咽喉，專控瀨戶內海與日本海黃海之間的航道海域。下關的對岸是門司，兩地之間有狹窄的關門海峽。在古代，日本神功皇后領艦隊經由關門海峽去侵略高麗，下關的戰略地位相當於西班牙的直布羅陀，也有些像伶仃洋。

公元一八六四年（元治元年），日本德川幕府時代，日本長州藩砲轟英美法荷四國艦隊，遭到四國艦隊反擊，砲轟下關，長州藩兵敗，派出伊藤博文爲特使，手持白旗，乘漁船登艦求和。

公元一八六五年（光緒二十一年），清日甲午戰爭，大清北洋海軍，在黃海被日本艦隊全軍殲滅。清廷派李鴻章赴日求和，由伊藤博文指定在下關簽訂和約，把台灣割給日本，李鴻章在下關被日本刺客槍擊傷頰。

下關的關門隧道人行道入口，立有澶浦砲台舊碑與源平碑，因爲源氏與平氏的戰爭，最後一仗，就是在下關附近作戰。

源氏與平氏兩族都是古代日本皇室的宗室，先是平氏挾持天皇以令諸侯，權傾朝野，平氏興起，與源氏爭霸，當時無實際統治權的天皇，名後白河天皇，出家爲僧皇，運用權術計謀，使源氏平氏互相傾軋。源氏將軍源賴朝派同父異母弟弟源義經征伐平氏，在下關東邊的壇浦海戰之中，消滅了平氏最後武力的海軍六十多萬人，時爲公元一一八五年，殺死平氏統帥平知盛。平知盛的母親二位尼抱著八歲的安德天皇投海而死，天皇的生母建禮門院亦投海。

下關壇浦海邊向西行約一千公尺，有一座朱紅色龍宮形式的赤間神宮，奉祀的就是八歲的安德天皇。壇浦海域，海水深黑，浪湧很大，每每於黑夜出現千萬朶瑩光閃閃，被西方遊客攝得，當地傳說六十萬平氏士兵及脊屈冤魂。當地出產一種小蟹，背殼上凹凸有刺，有似日本盔甲武士鬼面，十分恐怖，當地商店有售。

下關鬼話甚多，最著名的是有一個瞎子彈琵琶行乞的，晚上被武士鬼卒抓去到赤間神宮去彈唱壇浦戰爭故事。在安德天皇與群臣座下彈唱，合座悲泣。後來寺僧在盲人全身書寫佛號，武士鬼再來時看不見瞎子，只見耳朶兩隻，原來是和尚忘了畫符於耳朶，武士鬼就拉著兩隻耳朶回宮報命，盲人兩耳被撕走，鮮血淋淋，暈倒於地，故事載於源事物語的四谷怪談。一九六〇年初曾拍電影，轟動一時，是最恐怖的鬼片。

陸秀夫負帝投海的悲劇，卻無人拍電影，下關現有世界最長吊橋，車行經此仍可見海面鬼火。

97「桃花源」

陶淵明所作長詩「桃花源記」，膾炙人口，千古傳誦。從開頭幾句白居易詩：「漁舟逐水愛山春，兩岸桃花夾古津，坐看紅樹不知遠，行盡青溪忽值人……山開曠望族平隆……」就吸引人，愛不釋手，全詩音韻美妙，極富音樂效果。

詩中說：「還從物外起田園，居人未改秦衣服……」疑爲仙境，後人懷疑是幻想境界，至今才有人考據那不是幻境。

現代探險旅行家說，桃花源就是湖南西部，連接湖北、貴州、廣西的山地。中心景點在張家界，漁舟逐水是在索溪。春天來臨，兩岸的野櫻野桃開花，燦若彩雲，彎彎曲曲的小河，在群山之間流動，山峰千座，每座都不很高，但是都是拔地而起，像竹筍，像石柱，都是喀斯特地質的石山與溶洞，雲氣繚繞，恍若仙境。逐水愛山春的漁翁，可能就是來到索溪，又遇到了山村居民，他們還是穿的秦朝的服裝，顯見是秦朝時代的子孫，可以是避秦而逃到山中，與外界隔絕。

世外桃源，原來真有，就在張家界與索溪，現在已經開放成爲旅遊勝地，希望不要太商業化弄成俗不可耐。

其實湖南的石山石岩溶洞很多，與貴州廣西相連，還有很多未被發現的仙境奇景。原住民不論傜族苗族土家族都非常純樸友善，非常好客，他們是否未改秦衣服的先民的後人？那就尚待考證了。但他們絕對是人，不是陶淵明詩中的神仙。他們生活在山中，過著平淡樸素的日子，沒受到現代化的污染，保全了純眞，這不也就是神仙境界嗎？那豈是上海北京台北紐約巴黎的庸庸碌碌所能比擬的？多少城市人夢想到那仙境去住住啊！能神往也就是福了。

可是他們身在福中不知福？他們當中也有些青年人不滿現實而跑到大都市去打拚的。

98「悲劇英雄孫悟空」

兒童都喜愛看齊天大聖孫悟空，因爲他神通廣大，又忠心護主。兒童只看到孫猴子偉大的一面，不知他其實是個悲劇英雄，有可憫的另一面。

齊天大聖是吳承恩創作的虛構人物，但是並非沒有根據。有人考據，孫悟空的塑造，藍本是佛經中的猴神拉曼耶那，至今印度人仍在崇拜的猴神，每逢神誕，都抬出來遊行，塑像是戴金冠穿虎皮的猴子，不知是否受西遊記影響？或是西遊記受它的原來形象影響？

公元二〇〇五年，印度一處小村農婦生了一個男孩，屁股後面有一根長達六英寸的尾巴，不過並無椎尾骨節，只是皮肉，面貌也有些像猴子，村人認爲是猴神分靈降世，紛紛跪拜供養，電視新聞引起全球注目，專家紛紛赴印研究。

公元一九八〇年代，馬來西亞一處村婦生了一個有尾巴的男孩，也被認爲是猴神化身。

二〇〇五年，中國大陸遼寧、廣東，先後出現「毛孩」，全身是濃密的黑毛，活像黑猩猩，其實自古以來就常有發現毛孩，據科學家解釋，是「返祖現象」，是遺傳基因的變異所致。

孫悟空到底是眞的猴子？抑或是「返祖現象」的人類？西遊記說他是一塊東海之畔的石頭吸收日月精華而爆出來的石猴，長得很美，自稱美猴王。

在花果山水濂洞享福做猴王，他卻不滿足，要大鬧東海龍宮，還要大鬧天宮叫玉帝讓位給他。天上數萬天兵天將，又有哪吒三太子，也無法降服他，玉帝只好招降，封他爲弼馬溫，管理天馬，孫猴子以爲是大官地位，沾沾自喜，發現原來是馬伕，他就反了（廣東人稱猴子爲馬騮，源起於此，就是溜馬之伕）。

孫猴子大鬧王母娘娘的壽宴，偷吃蟠桃，偷飲仙酒，天兵天將把他捉住，太上老君把他囚禁在煉丹爐，他把仙丹全都偷吃光光，還踢倒爐鼎，三昧眞火之赤炭，掉下到新疆成爲火焰山。

孫猴子後來被玉帝請來西方如來佛祖把他降伏，把他壓在五指所化巨山之下，五百年後，才有唐僧玄奘西行路過，奉觀音法諭，揭了如來封條，把他救出。從此他成爲皈依佛法的護法行者，奉命保護玄奘西行取經。

西行一路上，妖魔鬼怪太多，全仗孫猴子揮動金剛棒把妖魔降服，否則唐僧早被妖魔當作點心吃掉，行者又降服了豬八戒與沙僧作爲扈從。

孫猴子一雙金睛火眼，有如照妖鏡，一看就看穿僞裝的妖魔。白骨精變化爲弱女與老婦，要吃唐僧，猴子一眼看穿，揮棒打殺。心腸柔軟的唐僧，就罵猴子兇殘，就唸緊箍咒，叫他頭痛難熬，加上豬八戒讒言挑撥，長老更多唸咒。三打白骨精的悟空，頭痛待斃，豬八戒還要落井下石，長老是非不明，屢聽豬精讒言，時常念咒懲罰猴子。

西遊記所描寫的唐僧，是那樣一個愚蠢無知，只知虐待得力徒弟孫悟空，只知仁慈對待妖魔的，氣量狹窄，無情無義的小人，把玄奘三藏大師的名都毀了。吳承恩是拿他來代表專制、昏庸、無能、驕橫、傲慢、親小人而遠君子、固執、頑固、懦弱、虛僞……種種人性弱點。孫猴子怎麼好言勸他勿被妖魔所惑，他都不聽，豬八戒只須讒言兩句，他就聽信不疑，隨時翻臉來懲罰猴子，忘恩負義。

眞正的唐僧玄奘三藏是個非常有學問大智慧的高僧，西行十九年，都是獨自來往，並未收徒，亦無扈從。十九年萬里跋涉與留學印度，學會了梵文，在印度大法會登台說法，戰敗了印度寺院僧人，運送大乘經回國，在大雁塔下僧院翻譯佛經，成爲古來最有成就貢獻的高僧，何來孫悟空與豬八戒？吳承恩的西遊記，抹殺了玄奘的修爲與貢獻，把他變成小丑，玄奘的眞正成就與貢獻，從此埋沒了。

孫猴子護從唐僧，來到一處莊嚴佛刹，匾名「小富音」，猴子一看就知是妖魔所變化的僞佛，勸師父不可輕入，玄奘卻是凡夫俗子無眼光，誤認爲是眞的富音寺，又在豬八戒慫恿之下，就晉寺參拜佛祖。

小富音佛殿上，如來高坐蓮花座，兩旁侍立五百羅漢，十分威嚴。玄奘與八戒沙僧，慌忙下跪參拜，那些羅漢無不偷笑，露出了妖臉，悟空揮棒喝打，衆妖現出本相，假佛祖拋出先天大袋，把唐僧師徒全數吸入袋中，哈哈大笑，準備烹而食之。

此段是西遊記最精采一段，唐僧有眼無珠，錯認假佛爲眞，故事寓意甚深，今世不是也有很多「小富音」嗎？

西遊記末章，師徒到了天竺，拜了佛祖，承蒙佛祖叫阿難與迦葉取經賜給他們，誰知兩尊者竟向玄奘索取賄賂紅包，唐僧無錢，兩尊者給了佛經，到玄奘回國後，方知是空無一字的白紙裝訂。

此段故事，更有深意，頗近佛經所言：「吾詣燃燈師，無一法可得」（釋迦去參拜燃燈古佛求法，竟無一法可得）。

玄奘所求得之佛經竟是白紙空無一字，意義還不明白嗎？這是空宗的暗示，作者吳承恩是懂佛學的。可是他反對專制權威，就把玄奘的造型醜化了，也把孫悟空的反抗專制失敗的英雄悲劇寫活了。至於豬八戒，貪吃好色，淫心不改，又愛進讒言，沙僧是晦氣愚笨，這些都是人性弱點。

孫悟空應該老早脫離唐僧，回花果山做猴王逍遙自在，豬八戒應回高家莊娶妻享福，沙僧應回流沙河吃人去，大家都不護持唐僧，讓他獨自去西天取那無字的佛經，既「不立文字」又何必去取？

99 「貴霜帝國」

很少人知道古代中國有一個貴霜王國。

已經走入歷史的貴霜帝國，是一個白種人的國家，它的全盛時代，是大約公元前一三二年—前一三〇年以後的百餘年，國土是在中國的青海省，是一個信佛的國家。

馬其頓帝國的領袖腓力大帝死後，由兒子亞力山大大帝繼位，年輕的亞力山大，銳氣凌人，領軍東征西討，從希臘入侵波斯，征服土耳其、巴比倫、波斯、伊拉克、阿拉伯、埃及，建立亞力山大海港及當時世界最大的圖書館，東侵印度，到達印度河邊，患了奇病而逝世，否則可能征服全印度及緬甸暹羅與中國。

亞力山大的軍隊驍勇善戰，亞力山大善於兵法，他的軍隊士氣高漲，傳說原因之一是由於亞力山大自己是個同性戀，一直提倡軍人的同性戀，使到戰友成爲同志愛人，情同手足，因此作戰同心協力，皆爲保護愛侶而戰，拚死前進，互相支援，爲愛侶而拚死。亞力山大自己到了病逝前一年左右，才因想要子嗣而娶妻，但大部份時間均在軍營與士卒共同生活。甚至與士卒有同性戀，著名的隨從長就是他的愛人之一（名字好像叫色卡斯），好萊塢電影只是隱約暗示，並未明白演出。

亞力山大攻佔印度西北部之後，留下不少士兵，他死後，有很多希臘軍人流落在潘闍地區，留下混血子孫，潘闍人種皮膚棕黑，五官容貌都似希臘人。亞力山大的部將，很多留下在中亞細亞，也有一部份攻入西藏青海，成立了貴霜帝國，自立爲帝，這是比五胡亂華更早的外族侵華建立帝國。

很奇怪的是，貴霜帝國的希臘人信奉佛教，並不信奉基督教或希臘正教，原因不詳。他們並沒留下資料紀錄，西方學者覺得貴霜帝國是個謎團，中國史册也找不到紀錄。西方文獻只說，亞力山大留下的部將在青海建立了佛教帝國，自立爲帝，爲時大約只有一百年，後來被中國人驅逐，他們就潰退回到中亞細亞去了。青海偶然也看到高加索人種面貌，不知是否貴霜大帝的士兵留下的子孫？

100 「誤入天台與斧劈華山」

傳說有兩個青年男子，一姓劉，一姓阮，一同進浙江天台山遊玩。天台山並不很高拔，但是風景秀麗，雲氣繚繞，古松秀挺，有如仙境。兩人貪玩迷路，身陷山中，後來遇到兩位仙女，把他兩人招贅，從此過著神仙生活，快樂無憂。

過了一段時日，劉阮兩人思家，就向妻子表示要回家探望父母親人，兩女不允，兩男就說去去即回，兩女無奈，讓他們出山，可是警告必須限時回山，不得稽延。

劉阮二人由兩妻帶路，出了天台山，找尋返鄉之路，卻都陌生不識，好不容易回到家鄉，只見城鄉鎮俱非原狀，滄桑多變，人事全非，父母亦早已去世，兄弟亦均不知去向，鄉人無一認識，都視劉阮二人爲怪異，原來二人在一夕之間，已從少年面貌變爲鬚髮俱白的老人。

兩人難以在鄉生存，只好回奔天台山，抵達山下，已經逾時，大霧茫茫，遍地冰雪，再也找不到進山的路口。

故事可能脫胎於桃花源記，天台山變成世外桃源，兩個姑射氏仙女可能是天台山中的原住民，高山民族都長得很美，就被人認爲是仙女，大霧冰雪封山，也是常有的事。劉阮兩人住在山中生活純樸，可能是農耕生活，空氣清鮮，泉水清冽，蔬果多類，所以看起來年輕，下了山回到俗世，就變成老人了。說山中一日，人間千年，可能並不純是感覺，也許，劉阮二人是經天台山到達了什麼外星？宇宙太空一日人間千年？總之劉阮二人身在福中不知福，再回俗世，永遠也不能再到天台仙境了。

日本佛教有一宗派「天台宗」，相傳是源起於天台山，以妙法蓮花經爲主經，劉阮二人上天台山，顯然不是去學法，仙女也不是法華宗的信徒，最大可能乃是原住民。

誤入仙山招親的故事，不只天台山，還有好幾件，華山就是一件。也是姓劉的青年人誤入華山，遇到仙女，把他招親，生了一個兒子，名叫沉香，從小拜在梨山聖母座下，學得一身神通武功，傳說劉公子被山神所殺，仙女被山神囚禁在華山底下受苦，小沉香只有五六歲，救母心切，揮動神斧，把華山劈開兩半，又得梨山聖母的寶蓮燈之助，打敗了山神，救出母親。被他劈開兩半的華山懸崖，至今仍是導遊介紹的景點。神話是因兩座半屏山相峙附會而成美麗淒傷的神話，比天台山更有人情味。京戲「寶蓮燈」就是唱演這件故事，倒沒見到演劉阮誤入天台。

英國作家密爾頓的名作「香格里拉」，寫英人飛機迫降於西藏喜瑪拉雅山，他們走過一處山洞，來到溫暖如春夏的香格里拉，美國作家歐文氏寫呂柏大夢，一夢二十年，遇到荷蘭先民。這兩故事不知可是從中國的天台山與華山故事獲得靈感？抑或人同此心都有追求世外桃源的夢想？

山若太高，空氣稀薄缺氧，常使登山人士因缺氧而產生幻覺，有人會見到耶穌基督，聖母瑪利亞，也有人會見到佛菩薩，滿天神佛，也有人會見到大雪怪，大足山怪，不一而足，幻覺形象，通常以其文化背景決定。信主的人不可能見到關公，不信鬼神的人不會見到玉皇大帝，西方人不會見到觀音菩薩，信有山怪的人就只會見到山怪或雪怪。上天台或華山是否也會有缺氧而產生幻覺呢？假作眞時眞亦假，神話故事就留作茶餘飯後閒聊的故事吧！

101「古戰場遺留的信息」

一九五一年八月四日之夜，加拿大遊客姑嫂兩人，在法國諾曼地海岸小村普維斯旅館房內，半夜被隆隆砲聲與機槍掃射，軍隊吶喊的恐怖聲音所吵醒，旅舍的店主與其他住客也都被驚醒，以爲大戰再來，砲火響了三個小時才停止，逐漸恢復平靜。

天亮以後，查看附近毫無戰爭形跡，屋主說一夜虛驚的砲火，是一九四二年六月六日盟軍登陸諾曼地的砲聲，加上八月十九日加拿大軍隊攻擊當地達比灘頭德軍陣地，加軍六千多人，被德軍殺死三千六百二十六人。店主說，每隔幾年就會發生一次半夜炮火槍聲與吶喊，這可能是陣亡將士冤魂不息的慘叫。

有人認爲可能是有人播放錄音，但是，鬧鬼之時，灘頭有砲火的火光有人影，次晨卻毫無影蹤，村內亦無人掌有錄音器材可以播放如此巨響，疑案引起國際研究人士紛往研究，卻一直無法找出答案。

不過，公認的是，音響是眞實的，可能是當年大戰的慘烈狀況，已形成了信息遺留在另一空間，就等於是錄音，在適當時間就播放出來。或者就是那些戰死的士兵的共同信息。

中外的古戰場，往往都有發生類似情況，中國的報刊報導過多次。著名的古戰場例如赤壁，就傳說不時有兵馬嘶殺之聲，研究者解釋只是江面狂風呼嘯。

近世的戰場傳說更多，例如金門古寧頭戰場，一九四九年，國共雙方在此死戰，死亡數萬士兵。當地土著居民入夜不敢出戶，經常聽見砲聲槍聲與鬼哭，小金門的居民也如此說，還有人見過無頭的士兵出現，甚至還有無頭的士兵集合點名，言之鑿鑿信不信由你。

台灣中部台中附近，有一座軍營訓練基地，名叫成功嶺，是紀念鄭成功冠以其名。成功嶺後山有一處野戰演習場，建有土牆假城，作爲演習的攻擊目標，此處並無營舍，無人居住，無兵守衛，營房都在前山，住有兵卒。

後山野戰演習場，平時白天看看也就夠荒涼恐怖，有時候到了下半夜，該處就會發出操練士兵喊聲，甚至有人看見隊伍，都是身穿日本黃呢軍服的日本兵（可能該處在日治時代就已經是軍營），有時也聽見槍砲之聲，就引起前山營舍的「鬼鬧營」。全營熟睡的士兵都大叫大喊，非常恐怖，直到有人向天開槍才靜下來。專家說，中外軍營都有鬼鬧營，這是士兵心理壓力所致。平日操練或演習已經太累太疲，加上思家哀愁，軍令太嚴格，引起精神太緊張，加上傳言鬼話太多，因此在半夜會狂喊大叫，一人狂喊，引發千人，都是在半睡半醒狀態，槍聲一響，就會全醒。

另外一些專家說，那是日本兵從前集體的信息波仍留在後山，他們並不知自己已經戰死，信息波不代表就是鬼，只是等於錄音錄影，可以存在於世界，不易消滅。

兩種解釋都似乎有理，姑妄聽之。

台灣東北角基隆港口，現在的十六號碼頭後面，有一座法軍公墓，是清代的法國海軍陸戰隊攻打基隆被殲滅的士兵，好幾百人。法軍棄骸而退，當地居民以慈悲之心把屍體集體埋葬於此，至今歷時百年，公墓四周都建了高樓住宅，有些居民會在半夜見到又聽到一批法兵坐在公墓小公園聊天講法語，這可不知是幻覺或是法兵的信息波？

有一個疑問，爲什麼別的更多死亡的戰場或屠場，沒有留下悲哀信息？例如南京大屠殺，那些冤魂爲何都噤然無聲？

吧？

102 「涉谷驛的八公」

多年來遊東京，頗爲懷念涉谷驛前面的八公銅像，不知它仍然安然矗立否？沒被拆除吧？

涉谷驛是東京西部的交通中心繁華街道的車站，有高架鐵道山手線，有地鐵銀座線，出進的旅客潮湧，熱鬧非常。

它的地標卻是八公銅像，國際遊客在遊玩銀座的繁華之餘，很多人會來此參觀八公銅像，八公的地標名氣，可比得上比京的撒尿小男孩。

八公並不是一個偉大人物，甚至不是一個人，它是一隻秋田種的小狗。秋田犬是日本名犬種，個子雖小，十分聰明伶俐，十分忠心，頭部有些似狐狸，嘴尖尖的，全身是密實的黃色短毛。

八公的眞名不詳，日本的小孩都愛牠，稱牠爲八公，常有老師領著一批學童去拜訪八公獻花拍照，現在可能還是吧！八公怎麼成爲小朋友的愛犬？說來就話長了。

原來，在第二次世界大戰期間，八公的飼主是東京帝國大學的一位教授，住在涉谷，每天乘坐高架鐵道車去東京大學授課，愛犬八公例行追隨相送到涉谷車站，看到主人乘車離去，牠才回家。到了下午，八公在放學時間，又到涉谷車站前面等候及迎接主人，見到走出車站的主人，牠歡喜得跳躍撲到主人身上，鼻子嗚嗚的叫，不停舐主人的手，然後一同回家吃晚飯。

這樣的例行生活，多年如一日，後來，美機轟炸東京，全城大火，教授被炸死了，永遠不再回來，傷心的八公，每天照樣準時到涉谷驛來等候主人。牠蹲在車站前面，眼望成千的旅客下車出站，牠不住向空氣嗅嗅，希望嗅到主人。可是，過盡千人皆不是，牠的主人早已死了，永遠見不到了。

八公依然每天到車站來迎接主人，好心的人們要帶牠走，牠不肯離開，人們給牠一點食物，牠就靠此維生，痴心地等待主人，長期日夜等待，足足等了十多年。八公的忠心與愛心，感動了全日本的小朋友，後來八公年老去世，社會就在涉谷驛前面建立牠的銅像以資紀念。成爲小朋友最愛的地標景點。這個令人感動落淚的八公故事及銅像，現在還存在吧？

103「羅浮山裡的斷背山」

羅浮山位於廣州東北不遠，車程大約兩小時，經常雲霧繚繞，巉岩若隱若現，地貌屬於丹霞山一類的赤朱色懸崖，自古以來，很多修行人來此修道，儼然神仙聚匯的仙境。著名的修行人之一就是葛洪，煉丹修仙，傳說在此白日飛升，實際上是服食煉丹，中了汞毒病而死。不過世人仍信他是仙去，現代遊客慕名往遊羅浮山，被導遊帶往觀看葛仙翁的煉丹遺跡，其實大多數是僞造的。

除了葛仙翁遺跡之外，羅浮山還有不少古蹟故事，包括美少年潘章的與王仲先兩人的生死戀。

晉朝的一本筆記「太平廣記」卷三百八十九，有一段「潘章」記載如下：

「潘章，年少有美容儀，時人競艷之，楚國王仲先聞其名，來求結友，因願同學，一見相愛，情若夫婦，便同衾枕，交好無已，後同死，家人哀之，因合葬於羅浮山，冢上忽生一樹，柯條枝葉，無不相抱，時人異之，號爲共枕樹。」

明代末年作者天然痴兒依此段而寫成小說「石點頭」一篇，說潘王兩人的同性戀不容於鄉里，相偕逃往羅浮山隱居，後來死在山中，家人將之合葬，墳上生出相抱的樹。

潘與王的故事，是從同學發生相戀的，合葬後又生出合抱樹，可能就是後世梁山伯與祝英台的故事的嚆矢。梁祝以同學共寢而相戀，最初顯然是同性戀，後來才是異性戀，梁祝的墳上也有合抱樹，可能就是潘王的故事再版，合抱的樹，在南方熱帶，到處都有，例如水紅樹、榕樹，都是連理枝，不足爲奇。羅浮山地處亞熱帶，就有野生的連理合抱之樹。

羅浮山的潘王同性戀故事，發生在晉代，情節與美國小說斷背山相似，世界級大導演李安因導演「斷背山」一片而榮獲金獅獎與金球獎，比早年的「喜宴」更上一層樓。「斷背山」出大名，羅浮山的潘王故事也因此重見天日，成爲羅浮山的景點之一，導遊向遊客提供不少潘王相戀的遺跡。

「斷背山」在英文軍語有另一種意義，就是「後援斷絕」之意。